वारेन हेस्टिंग्स
का
साँड़

वारेन हेस्टिंग्स का साँड़

उदय प्रकाश

वाणी प्रकाशन

वाणी प्रकाशन

4695, 21-ए, दरियागंज, नयी दिल्ली 110 002

फ़ोन : +91 11 23273167 फ़ैक्स : +91 11 23275710

शाखाएँ

अशोक राजपथ, पटना 800 004, बिहार

कॉफ़ी हाउस कैम्पस, महात्मा गांधी मार्ग, इलाहाबाद 211 001, उत्तर प्रदेश

महात्मा गांधी अन्तरराष्ट्रीय हिन्दी विश्वविद्यालय, वर्धा 442 001, महाराष्ट्र

सुल्तानिया रोड, मोतिया पार्क, भोपाल 462 001, मध्य प्रदेश

www.vaniprakashan.com
marketing@vaniprakashan.in
sales@vaniprakashan.in

WARREN HASTINGS KA SAND
by Uday Prakash

ISBN : 978-93-5072-706-5
Story

पहला संस्करण 2014
दूसरा संस्करण 2020

सिटी प्रेस, दिल्ली-110 095 में मुद्रित

वाणी प्रकाशन का लोगो मक़बूल फ़िदा हुसेन की कूची से

यह किस्सा आज से लगभग ढाई सौ साल पहले का है।

आप कह सकते हैं, इतनी पुरानी बात को आज उठाने की क्या तुक है, क्योंकि इन ढाई सौ सालों में यह दुनिया पूरी तरह बदल चुकी है। ये परिवर्तन इतने आश्चर्यजनक और कल्पनातीत हैं, जिनका अनुमान ढाई सौ साल पहले कोई ज्योतिषी, वैज्ञानिक, समाज-चिन्तक, दार्शनिक या अफीमची, पागल और पैगम्बर तक नहीं लगा सकता था।

सच है। आखिर कल्पना की भी तो सीमा होती है। और कल्पना के पंख हमेशा काल की कैंची कुतरती है। वर्ना तो हर कोई भविष्य पुराण रचता, हर कोई पीर-पैगम्बर या नोस्त्रदामस होता।

लेकिन सच यह भी है कि ढाई सौ साल पहले और आज के बीच कुछ ऐसा भी है, जो जरा भी नहीं बदला है। वह ज्यों का त्यों है। आप कह सकते हैं कि इतिहास के अन्त की घोषणा करने वाले तमाम पंडितों के बावजूद इतिहास सतत निवर्तमान है। वह निरन्तर है।

उदाहरण के लिए प्लासी की लड़ाई (सन् 1757 ई.) में बंगाल के नवाब सिराजुद्दौला को हराने वाले ईस्ट इण्डिया कम्पनी के लॉर्ड क्लाइव की यह टिप्पणी देखें :

"मैं सिर्फ़ यह कहूँगा कि अराजकता का ऐसा दृश्य, ऐसा भ्रम, ऐसी घूसखोरी और बेईमानी, ऐसा भ्रष्टाचार और ऐसी लूट-खसोट जैसी हमारे राज में आज दिखायी दे रही है, वैसी किसी और देश में न कभी सुनी गयी, न कभी देखी गयी। अचानक धनाढ्यों की बेइन्तहा दौलतपरस्ती ने विलासिता और भोग के भीषण रूप को चारों तरफ़ पैदा कर दिया है। इस बुराई से हर डिपार्टमेंट का हर सदस्य प्रभावित है। हर छोटा मुलाजिम ज्यादा से ज्यादा धन हड़पकर बड़े मुलाजिम या अधिकारी के बराबर हो जाना चाहता है। क्योंकि वह यह जानता है कि सम्पत्ति और ताकत ही उसे बड़ा बना रही है।...कोई ताज्जुब नहीं कि दौलत की इस हवस को पूरा करने वाले साधन इन लोगों के वे 'अधिकार' हैं, जो इन्हें उत्तरदायित्वपूर्ण ढंग से प्रशासन चलाने के लिए दिये गये हैं। विडम्बना है कि ये 'साधन' सिर्फ़ रिश्वतखोरी जैसे भ्रष्ट आचरण के लिए ही नहीं, लूट-खसोट और ठगी-जालसाजी के लिए भी इस्तेमाल हो रहे हैं। इसकी मिसालें ऊपर के पदों पर बैठे लोगों ने कायम की हैं, तो भला नीचे के लोग उसका अनुसरण करने में नाकामयाब क्यों रहें?

यह रोग सर्वव्यापी है। यह नागरिक प्रशासन, पुलिस और फौज ही नहीं लेखकों, कलमनवीसों और व्यापारियों तक को अपनी चपेट में ले चुका है।"

और यही है वह बिन्दु जहाँ ढाई सौ साल पहले की कहानी आज की कहानी बनती है। इतिहास फिर से निरन्तरता हासिल करता है और इस सदी के एक महान् कथाकार की ये पंक्तियाँ अमर हो जाती हैं कि सारे संसार में अनादिकाल से आज तक बस एक ही कहानी रची गयी है और वही बार-बार दोहरायी जाती है। उसका रूप, उसका कलेवर बदल सकता है, पर मूल कथा वही है।

तो ढाई सौ साल पुराने किस्से की ओर लौटें।

यह वह समय था जब मुगलशाही के नाम पर मुगल वंश के कायर, कर्जखोर, ऐयाश और भगोड़े शहजादे या बस नाम के बादशाह बचे थे। दूसरी ओर लगातार बढ़ती जाती हरम की औरतों, दरबार की नर्तकियों,

रक्काशाओं, अपने भाई-भतीजों और खुशामदियों को दौलत और खिताब बाँटते वे रजवाड़े और नवाब थे, जिनके कारिंदों की वसूली और उगाही के डर से घर, गाँव और खेत छोड़कर गरीब मेहनतकश किसान भाग जाते थे। बहादुर, लुटेरे, गौरवशाली और महत्त्वाकांक्षी मरहठे, राजपूत, सिख और दक्षिण के शासक थे, जो ज्यादातर एक-दूसरे को या अपनी मजबूर रियाया को काटते-पीटते रहते थे।

इनके अलावा पश्चिमी देशों से समुद्र पार कर आयी हुई कई व्यापारिक कम्पनियाँ थीं। डच, फ्रांसीसी, पुर्तगाली और अंग्रेज़। उन कम्पनियों में काम करने वाले गोरे अफसर, मुसाहिब और कर्मचारी थे जिनकी चमड़ी का रंग हमारे देश के गोरे से गोरे इनसान से भी ज्यादा सफ़ेद या गुलाबी था और जो इस देश को, जिसे वे 'वंडर दैट इज़ इण्डिया' कहते थे, अपनी चौंकी, विस्फारित और आश्चर्यचकित आँखों से देख रहे थे।

यह किस्सा उन्हीं दिनों का है।

वारेन हेस्टिंग्स, जो बाद में 1772 में ईस्ट इण्डिया कम्पनी का गवर्नर बना, उस समय अपने बचपन में था यानी यह बात लगभग 1750-70 के बीच की होगी।

कितना अकेलापन महसूस होता था वारेन हेस्टिंग्स को! वह सबसे अलग था। यहाँ हिन्दुस्तान में वैसा कुछ भी नहीं था, जैसा इंग्लैंड में था। यहाँ के लोग काले, भूरे और रहस्यमय थे। जब वे आपस में बातें करते थे और हँसते हुए उनके मटमैले दाँत बाहर निकलते थे तो वे डरावने, सन्दिग्ध और गोथिक कथाओं के पात्र लगते थे। तब तक वारेन हेस्टिंग्स को गुलिवर की यात्रा के बारे में नहीं मालूम था, वर्ना वह अपने आपको गुलिवर मानता, इस देश को रहस्यमय भूरे-काले दैत्यों का द्वीप और अपनी वीरता से वह उनका नाश करता।

यहाँ औरतें भी ऐसी ही थीं। वे लकड़ियाँ काटतीं, भारी बोझ सिर पर उठातीं, नदियों से मछलियाँ पकड़ लातीं और अनाज के बदले उन्हें

बाजार में बेचतीं। वे गन्दी थीं। उनके बच्चे उनकी कमर या पीठ पर बन्दर के बच्चों की तरह चिपके होते थे।

नदी के घाट या कुओं के पास उसने इन औरतों का झुण्ड अक्सर देखा था। धातु या मिट्टी के लगभग अर्द्धऐतिहासिक भांडों या मटकों में खूब सारा पानी भरकर, मटकों को सिर पर लादकर, वे एक कतार में एक-दूसरे के पीछे चुपचाप चलतीं।

ताज्जुब था कि उनके दोनों हाथ पूरी तरह स्वतन्त्र होते लेकिन उनके सिर पर, बिल्कुल थोड़ी-सी जगह पर टिका हुआ गोल मटका, उनके चलने और सिर घुमाकर एक-दूसरे से बातें करने के बावजूद, कभी न गिरता।

यहाँ की हर औरत गन्दी, सन्दिग्ध और हद दर्जे की जिम्नास्ट थी। कुशल नटनी। वारेन हेस्टिंग्स ने उन्हें ढेंकी से धान या कोई दूसरा अनाज कूटते हुए, पत्थर के दो गोल पहियों को, जिन्हें चक्की या जतवा कहते, लगातार एक लय और गति में गोल-गोल घुमाकर कई-कई मन दाल दलते हुए देखा था। इतनी दाल कि, उसके ढेर के पीछे वे खुद छिप जातीं और सिर्फ़ चक्की की आवाज़ भर रह जाती। धोबिनें नदी के घाट पर किसी छोटे से पत्थर पर कपड़े पछीटतीं। जितनी बार कपड़ा पत्थर पर गिरता उनके गले से 'छोह...छो, छोह...छो' की आवाज़ निकलती। वह गिनते-गिनते थक जाता।

वारेन हेस्टिंग्स घाट से कुछ दूर बैठा हुआ उन्हें चुपचाप देखता। वे बिना रुके कठपुतलियों की तरह यह काम करतीं। वे लकड़ी या कोयले की बनी हुई लगती थीं; लेकिन देखते ही देखते एक जादू जैसा होता और नदी तट की सारी रेत खूब साफ, धुले, उजले और रंगीन कपड़ों से ढँक जाती। मीलों दूर तक, जहाँ तक आँख जाती कपड़े-ही-कपड़े सूखते नजर आते।

और यह काम काठ या कोयले की सिर्फ़ एक कठपुतली धोबिन कर डालती।

एक बार वह अपने बंगले के पिछवाड़े के एक गाँव में गया था। वहाँ एक फूस की झोंपड़ी में उसने एक ऐसी औरत को देखा था, जो पत्थर के एक बड़े से पहिये को ज़ोर-ज़ोर से घुमाकर छोड़ देती थी। वह पहिया एक कील की धुरी पर टिका हुआ रहता था।

औरत छपाक से उस पहिये के बीचोबीच मिट्टी का एक लोंदा रखती और देखते ही देखते एक गोल-मटोल मटका या गमला या सुराही बनने लगती। उस औरत का रंग बिल्कुल उस मिट्टी जैसा था और उसने सिर्फ़ अपनी कमर पर कपड़े का एक चिथड़ा बाँध रखा था।

वारेन हेस्टिंग्स ने उस औरत के स्तनों को देखा। वह जान गया था कि ये भी पत्थर के इस घूमते हुए पहिये पर मिट्टी रखकर उसी प्रक्रिया में बनाये गये हैं, जैसे ये मटके और घड़े। उतने ही गोल। वैसा ही साफ आश्चर्यजनक आकार।

इतनी ही नहीं। ऐसी और भी औरतें थीं। एक वह थी, जो सुबह-सुबह बंगले में फूल और गजरे देने आती थी। वह बिल्कुल काली थी। लेकिन उसके दाँत मोतियों की तरह चमकते थे।

इंग्लैंड में न ऐसी कोई औरत थी और न ऐसे फूल थे जो इस तरह किसी अजनबी सेंट की तरह महकते थे।

उनमें से एक सफ़ेद फूल ऐसा था, जिसकी खुशबू वारेन हेस्टिंग्स को अपने पेट के भीतर तक जाती हुई लगी और थोड़ी देर बाद उसके पूरे शरीर से वही महक उठने लगी।

सबसे ताज्जुब की बात तो यह थी कि जब वह शाम को घुड़सवारी

का अभ्यास कर रहा था तो उसके पसीने में वही फूल महक रहा था। इसके बाद से उसने उस मोती जैसी दाँतोंवाली काली कलूटी औरत, जिसे मालिन कहते थे, से डरना छोड़ दिया। वह उससे वही सफ़ेद फूल लेकर अपनी जेब में डाल लेता।

उसने उस मालिन को एक बार सूँघा था। वह काली होने के बावजूद, उसी सफ़ेद फूल की तरह महक रही थी।

लेकिन तब भी एक ऐसा भय था जो वारेन हेस्टिंग्स के दिल में इन गंदी, आश्चर्यजनक और रहस्यभरी औरतों के प्रति गहराई से बैठा था। उसने सुन रखा था कि नटनी नाम की औरतें ढोलक या नगाड़े की आवाज़ के साथ जमीन से ऊपर बाँस के एक खूब ऊँचे डंडे पर

या पतली, तनी हुई रस्सी पर चलने लग जाती थीं। कुछ ऐसी थीं जो बीन की धुन में कोबरा जैसे जहरीले साँपों को अपने शरीर में लपेटकर उनका फन अपने मुँह में भर लेती थीं।

उसे यह भी बताया गया था कि कई-कई बार ये औरतें खुद नागिनें बन जाती हैं और जिससे बदला लेना होता है उसे रात में काटकर चुपचाप लौट आती हैं और वापस औरत बन जाती हैं।

वारेन हेस्टिंग्स को याद था कि जब कई साल पहले गुजरात के सूरत की फैक्टरी में इंग्लैंड से मिस्टर फ्रेयर आये थे और कुछ दिनों इण्डिया घूमकर वापस लौटे थे तो उन्होंने बताया था कि वह एक अजीबो-गरीब देश है। उन्होंने गुजरात में एक ऐसे मदारी को देखा था जो बीन बजाकर रस्सी को आसमान में खड़ा कर देता था और उस रस्सी पर छिपकली की तरह रेंगता हुआ उसका लड़का ऊपर जाकर आसमान में गायब हो जाता था।

बाद में आस-पास के किसी पेड़ की फुनगी से उस अदृश्य हो चुके लड़के की आवाज़ आती थी और वह हर किसी का अतीत और भविष्य बता देता था। फ्रेयर ने बताया था कि रस्सी पर चढ़कर आसमान में गायब होनेवाले उस अदृश्य लड़के की आवाज़ ने भविष्यवाणी की थी कि फ्रांसीसी कम्पनी अंग्रेज़ों की ईस्ट इण्डिया कम्पनी से हार जायेगी, डुप्ले को उसके अपने फ्रांसीसी लोग ही खत्म कर डालेंगे और इण्डिया में कम्पनी का राज होगा।

फ्रेयर ने यह भी बताया था कि उस अदृश्य लड़के की, पास के ऊँचे पीपल की फुनगी से आनेवाली आवाज़ ने यह भी कहा था कि दो सौ सालों के बाद जब अंग्रेज़ मालामाल होकर वापस अपने वतन इंग्लैंड लौटेंगे तब भी इण्डिया में उनके जैसे ही नेटिवों का राज होगा। वे लोग वही खाएँगे, जो अंग्रेज़ खाते हैं। वही पिएँगे जो अंग्रेज़ पीते हैं। वे वही भाषा बोलेंगे जो अंग्रेज़ बोलते हैं। उनके कपड़े, विचार, स्वप्न और आकांक्षाएँ अंग्रेज़ होंगी; वे हर इण्डियन चीज़ से घृणा करेंगे। वे इण्डिया को उससे भी ज्यादा लूटेंगे, जितना विदेशी कम्पनियों ने लूटा है।

फ्रेयर ने शराब के नशे में गुजरात के कच्छवाले रेगिस्तानी मैदान में शिकार किये गये जंगली खच्चर की रान चबाते हुए कहा था कि आखिर में उस लड़के ने एक ऐसा वाक्य कहा था जो किसी प्राचीन धर्म ग्रन्थ के क्वाट्रेन (चतुष्पद) जैसा लगता था। उसका अर्थ यह था कि विदेशियों ने वहाँ रहनेवाले साधारण मानवों की जितनी हत्याएँ पाँच सौ सालों में नहीं की होंगी, उससे ज्यादा ये लोग सिर्फ़ पचास साल में कर डालेंगे। इसके बाद मिस्टर फ्रेयर ठहाके लगाकर हँसने लगे थे। पूछने पर उन्होंने बताया कि हुआ यह कि इसके बाद मदारी की हवा में टँगी हुई रस्सी गिर गयी और मदारी के ज़ोर-ज़ोर से पुकारने पर भी पीपल की फुनगी से लड़के की आवाज़ आनी बन्द हो गयी। सब लोग डर गये। यहाँ तक कि खुद मदारी के चेहरे पर हवाइयाँ उड़ने लगीं। तभी लड़के की खिल-खिलाकर हँसने की आवाज़ आयी।

वह तमाशबीनों की भीड़ में मिस्टर फ्रेयर के ठीक पीछे खड़ा था और जब उन्होंने उसे चाँदी का एक रॉयल सिक्का बख्शीश में दिया तो वह झुक-झुककर उन्हें सलाम करने लगा। किसी पालतू, प्रशिक्षित बन्दर की तरह। उन्होंने उससे पूछा कि तुम यह बताओ कि मुझे कम्पनी की नौकरी में तरक्की मिलेगी कि नहीं, तो उस लड़के ने कहा कि चूँकि वह आकाश से वापस लौट आया है इसलिए वह अब कोई भविष्यवाणी नहीं कर सकता।

इसीलिए वारेन हेस्टिंग्स के मन में जहाँ एक ओर इन नेटिव्स को लेकर एक गहरा सन्देह और भय था, वहीं उसके मन में इन्हें कुछ और जानने की उत्सुकता भी थी। वह अभी लड़का ही था इसलिए उन रहस्यमय डरावने अर्द्धमानवों जैसे पुरुष नेटिव्स की तुलना में औरतें उसे कम खतरनाक लगती थीं।

एक औरत की मूर्ति या चित्र उसे अक्सर दिखायी देते थे, जो एक शेर के ऊपर बैठी रहती थी और जिसके कई हाथ थे। उसके एक

हाथ में किसी डरावने पुरुष का कटा हुआ सिर होता था और उसके होठों में लाल-लाल खून लगा होता था।

मुकाबला कठिन है। हमें इनको ही गुलाम बनाना है। उसके भीतर उस वीर शिकारी जैसी शौर्य की भावना पैदा होने लगती, जो किसी घने, खूँखार जंगल में आदमखोर बनैले पशुओं का शिकार करने घुसा हो।

अभी कुछ ही रात पहले, जहाँ कम्पनी के गार्ड्स और सिपाहियों के कमरे थे, उसने एक औरत की ज़ोर-ज़ोर से चीखने और हँसने की आवाज़ें सुनी थीं। वह अपने बंगले से निकलकर छिपता हुआ वहाँ पहुँचा था। वे गोरे नौजवान गार्ड्स किसी नेटिव औरत को पकड़ लाये थे। वह पूरी तरह नंगी थी।

लेकिन वारेन हेस्टिंग्स ने देखा कि उस औरत ने कोई लाल-लाल चीज़ खा रखी थी, जिससे बार-बार खून जैसा कुछ बाहर थूकती थी और ज़ोर-ज़ोर से हँसती हुई उन पाँच गोरे छोकरों को पकड़कर अपनी ओर खींचती थी। (दरअसल उसने पान खा रखा था।)

हेस्टिंग्स ने देखा कि वे पाँचों गार्ड्स बुरी तरह डरे हुए थे। वह औरत किसी चीते की तरह बार-बार झपट्टे मारकर उनसे लिपटती थी और हँसती थी।

बाद में बड़ी मुश्किल से उन पाँच सिपाहियों ने उसे पैसे देकर, पीटकर और हाथ-पैर पकड़कर घसीटते हुए अहाते के बाहर निकाला। वहाँ बहुत देर रात तक खड़ी हुई वह औरत ज़ोर-ज़ोर से कुछ चीखती रही और हँसती रही।

बाद में पता चला वह कोई बंजारन रंडी थी, जिसे कम्पनी के नौजवान सिपाही कहीं से ले आये थे।

उसने कम्पनी के ही एक एजेंट मिस्टर चार्ल्सटन से सुना था कि हो, संथाल, पिंडारी और चुआर जाति की औरतें एक छोटी-सी रस्सी के टुकड़े से, मज़बूत से मज़बूत आदमी को एक मिनट में मार डालती हैं।

"ओह जीसस, व्हेयर द हेल आयम!" वारेन हेस्टिंग्स ने कहा।

यह वह दौर था जब फ्रांसीसी कम्पनी और इंग्लैंड की ईस्ट इण्डिया कम्पनी के बीच यूरोप, अमेरिका और एशिया के समुद्रों, बाजारों और प्राकृतिक संसाधनों को हथियाने के लिए बीस साल से लड़ाई चल रही थी। इस होड़ में डच और पुर्तगाली भी शामिल थे, लेकिन वे कमज़ोर पड़ते जा रहे थे।

फ्रांसीसी कम्पनी और ईस्ट इण्डिया कम्पनी में सबसे मुख्य अन्तर यह था कि जहाँ फ्रांसीसी कम्पनी सरकारी या पब्लिक सेक्टर की थी, वहाँ ईस्ट इण्डिया कम्पनी एक प्राइवेट कम्पनी थी। इसीलिए उसके अफसर और मुलाजिम ज्यादा से ज्यादा मुनाफा कमाने के लिए ज्यादा जी-जान लगाते थे।

यानी आज से ढाई सौ साल पहले भी, एक विदेशी सार्वजनिक कम्पनी इंग्लैंड की एक प्राइवेट कम्पनी से हार रही थी। फ्रांसीसी कम्पनी के महाप्रबन्धक (डायरेक्टर जनरल) डुप्ले को अपनी विलक्षण दूरदर्शिता और योग्यता के बावजूद, जगह-जगह अंग्रेज़ों से हार मिल रही थी। उधर मरहठे मैसूर पर लगातार हमले कर रहे थे और वहाँ के शासक राजा देवराय को त्रस्त कर डाला था।

उन्हीं दिनों वारेन हेस्टिंग्स की दोस्ती बुंतू से हुई।

बुंतू के पिता कम्पनी के मामूली कर्मचारी थे। बुंतू ने बताया था कि वे लोग मूलतः केंदुली नाम के गाँव के निवासी थे लेकिन बार-बार के अकाल और जमींदारों की लूट-खसोट के डर से भागकर बंगाल चले आये थे। बुंतू बहुत अच्छा, सीधा और भावुक नेटिव था। वह एक अपरिचित-सी भाषा में इतना मधुर, जादूभरा और उन्माद से छलकता गीत गाता था कि कुछ न समझने के बावजूद वारेन हेस्टिंग्स की आँखें डबडबा जाती थीं।

बुंतू ने उसे बताया था कि वे बाउल गीत हैं और इन्हें जयदेव ने सबसे पहली बार गाया था।

वारेन हेस्टिंग्स बुंतू के साथ दिन भर घूमता। उसके साथ होने

से उसे उन काली रहस्यमय औरतों और डरावने टेढ़े-मेढ़े नेटिव पुरुषों से डर नहीं लगता था। वह मन ही मन सोचता कि जब मैं इन गन्दे अर्द्धमानवों को अपनी बन्दूक से मारूँगा तो बुंतू और उसके पिता को छोड़ दूँगा।

बुंतू जिस भाषा में गाता था, वह भाषा मैथिली थी। लगता जैसे किसी झरने के पियानो से पानी के छोटे-छोटे बुलबुले उठ रहे हों और एक-एक कर फूटते हुए ऐसे शब्दों और ध्वनियों को हवा में जन्म दे रहे हों जिनके अबूझे अर्थ धीरे-धीरे हृदय के भीतर अपने संकेतों को संगीत के साथ किसी जादू भरी लय में खोल रहे हों।

"इट सीम्स, आइ नो देयर मीनिंग्स। आइ कैन अंडरस्टैंड देम। दे डिसेंड फ्रॉम अनदर प्लेनेट जस्ट टु प्यूरिफाइ माइ सोल," वारेन हेस्टिंग्स उस जादू में घिरा धीरे-धीरे फुसफुसाता।

वारेन हेस्टिंग्स बुंतू से बंगला भाषा सीखने लगा। दूसरी ओर, बंगले का खानसामा अब्दुल क़ादिर, जो बहुत लजीज़ कबाब और जंगली मुर्गे का लाजवाब दमपुख्त बनाता था, उसे फारसी बोलना सिखाने लगा।

वारेन हेस्टिंग्स को यह देश विचित्र लगता। वह इससे डरता लेकिन किसी ऐंद्रजालिक आकर्षण में बँधा वह उसके और निकट जाना चाहता। इतना निकट कि वह उसके भीतर के अज्ञात अँधेरे में प्रवेश कर जाये। उस अन्धकार में, जहाँ इन रहस्यमय भूर-काले, टेढ़े-मेढ़े, विद्रूप अर्द्धमानवों के गैर-ईसाई देवी-देवताओं का वास था और जहाँ धूप, अगरु, अजवायन, लोहबान और पता नहीं किन-किन ज़ड़ी-बूटियों की गन्ध से भरा हुआ धुआँ उठता रहता था। उसने जगह-जगह इन लोगों के मन्दिर देखे थे, जिनमें वैसी ही अजीबोगरीब आकृतियाँ पत्थरों पर उत्कीर्ण थीं। किसी का सिर हाथी का था, किसी का शेर का, किसी का बन्दर का। किसी के कई सिर थे, किसी के कई हाथ और स्त्रियाँ थीं, पत्थरों पर बनीं। उनके गले, पैरों और कमर में आभूषण थे। लेकिन वे नग्न थीं। उनकी देह किसी अलौकिक मुद्रा में, कहीं कामातुर थीं, कहीं उत्पीड़ित और थकान से चूर, कहीं प्रार्थना में निमग्न और कहीं वे किसी विराट् पुरुष के साथ संभोगरत थीं।

रोम या ग्रीस में भी उसने ऐसी स्त्रियों और ऐसे देवों की शिल्पकृतियाँ नहीं देखी थीं। बुंतू ने उसे बताया था कि उनमें से हर आकृति के पीछे एक नहीं, कई-कई कथाएँ मौजूद हैं। इन सबकी अलग-अलग आत्मकथाएँ हैं।

वारेन हेस्टिंग्स के रोयें तब खड़े हो गये जब बुंतू ने उसे बताया कि, "सबसे महत्त्वपूर्ण बात तो यह है कि इनमें से कोई भी अभी तक मृत नहीं है। 'ये सब के सब जीवित हैं। और चन्द्र गति के साथ विभिन्न ग्रहों के योग के अवसर पर, अलग-अलग तिथियों और पहरों

में ये सब के सब जिन्दा आदमियों और औरतों की तरह हमारे बीच घूमने-फिरने लगते हैं।"

वारेन हेस्टिंग्स को पता चला कि इस देश में इतने ग्रन्थ और अभिलेख हैं और इतनी दंत्यकथाएँ और मिथक गाथाएँ मौखिक रूप में प्रचलित हैं कि अगर उन्हें पूरी पृथ्वी पर फैला दिया जाये तो उनकी अनगिनत परतों के नीचे यूरोप, अमेरिका, एशिया और अफ्रीका ही नहीं, सारे समुद्र भी ढक जायेंगे। उसे सीज़र का वह वाक्य याद आ रहा था जिसे इंग्लैंड के ही एक महान लेखक विलियम शेक्सपियर ने लिखा था, "इफ यू हैव टु डिफीट देम, यू हैव टु किल देयर मेमरीज़। यू हैव टु डिस्ट्रॉय देयर पास्ट। यू हैव टु शूट देयर स्टोरीज़" हह...हह... हह...हेस्टिंग्स डरता हुआ किसी मिरगी के मरीज़ जैसा हँस रहा था। बुंतू हैरान था। इस फिरंग सखा को हुआ क्या?

यह इस विचित्र देश का वसन्त था।

हवा ऐसी चल रही थी जिससे शरीर में नशे और वासना की सिहरन पैदा हो रही थी। पलाश के पेड़ लाल टेसुओं से लदे थे और उनके टूट-टूटकर गिरने से उनके नीचे की धरती इस तरह दिखायी दे रही थी, जैसे वहाँ अबीर या गुलाल बिखेर दिया गया हो। जंगल के सारे पेड़ नये पत्तों, नवजात कोंपलों और कई-कई तरह के फूलों से भर गये थे।

वारेन हेस्टिंग्स को अफसोस हुआ कि उसकी कम्पनी के अफसर और दूसरे कर्मचारी इस सबसे बिल्कुल उदासीन थे। वे इंग्लैंड की शराब यहाँ पर्याप्त मात्रा में न मिलने के कारण अरक पीते, अफीम खाते और बर्मा या स्याम से मँगाये गये लम्बी गरदन, ऊँची कलंगी और बड़ी टाँगों वाले मुर्गों को लड़ाकर मुर्गेबाजी करते या फिर अपनी बन्दूकें लेकर निकल जाते और जंगल में फाख़्ते, हारिल, कबूतर और तीतर मारते।

ताज्जुब था कि इनमें से सब के सब नौजवान थे। कहते हैं एक बार कैप्टन डाउनटन ने मज़ाक में कहा था कि इन बेचारे इण्डियन लोगों को कभी यह पता भी नहीं चलेगा कि ये गोरे विदेशी बूढ़े होने पर कैसे दिखायी पड़ते होंगे। इण्डियन यह जानने को तरस रहे होंगे कि सफ़ेद चमड़ी वालों के सुनहले भूरे बाल बुढ़ापे में पकने पर किस रंग के होते होंगे।

वारेन हेस्टिंग्स की समझ में नहीं आता था कि कम्पनी ऊँचे-ऊँचे ओहदों से लेकर मामूली कर्मचारियों के पदों पर भी ऐसे उद्दंड और आवारा छोकरों को क्यों इंग्लैंड में नियुक्त करके यहाँ भेज रही है। इनमें से ज्यादातर अपराधी थे और इंग्लैंड की सामाजिक जिन्दगी के लिए सिरदर्द थे। उनको न इंग्लैंड या यूरोप की परम्पराओं का ज्ञान था, न वे इस देश को जानना-समझना चाहते थे।

वे बर्बर, मूर्ख, असभ्य और बेहद लालची थे। दौलत कमाने की उनकी भूख, सम्पत्ति जमा करने की उनकी हवस कल्पनातीत थी। वे इस देश को लूटने आये थे। दौलत, भोग, मज़ा, ऐय्याशी और लूट-खसोट उनका चरित्र था। वारेन हेस्टिंग्स को दुःख और आश्चर्य होता। इंग्लैंड में क्या यही लोग इण्डिया भेजने के लिए बचे थे?

वहाँ तो महान रोम और इटली के प्रभाव और प्रेरणा से रिनेसाँ आ चुका था। चाउसर (सास्यूर), दांते, शेक्सपियर, होमर की वाणी वहाँ गूँज रही थी। इसाक न्यूटन, गैलीलियो से लेकर अरस्तू, प्लेटो ही नहीं फ्रांसिस बेकन, वोल्तेयर, दिदेरो और मैकियावली के विचारों से ज्ञान और विज्ञान के क्षेत्र में नयी उथल-पुथल मची हुई थी। लेकिन ईस्ट इण्डिया कम्पनी के सदस्यों के रूप में जो अंग्रेज़ यहाँ आये थे वे लफंगे, भ्रष्ट और उचक्के लौंडे-लपाड़ी थे। उनकी ज़िन्दगी का मकसद था खाना, कमाना, मौज-मस्ती लूटना, अपराध और जालसाजी करना और इतनी दौलत इस तरीके से इकट्ठी कर लेना, जिसके बारे में वे खुद नहीं जानते थे कि वे इसका करेंगे क्या।

दुर्भाग्य से समय उनका साथ दे रहा था। हिन्दुस्तान में इतिहास की हर बाज़ी वे जीत रहे थे। प्लासी में मीर जाफ़र को रिश्वत देकर उन्होंने सिराजुद्दौला की विशाल सेना को बिना युद्ध के ही हरा डाला था। बंगाल, बिहार, उड़ीसा का बहुत बड़ा क्षेत्र उनकी कम्पनी के अधीन आ गया था।

कमज़ोर और नकारा मुग़ल बादशाह शाह आलम को उन्होंने बेवकूफ बनाकर और रुपये देकर पटा लिया था। उससे एक के बाद एक दीवानियाँ हासिल करते जा रहे थे। सबसे बड़ी बात यह कि इण्डिया के अमीर और महत्त्वाकांक्षी वर्ग की चरित्रहीनता, भ्रष्टाचार और देश तथा जनता के प्रति गद्दारी के गुण को उन्होंने पहचान लिया था। अमीनचंद, जगत सेठ, मीर जाफ़र, मीर क़ासिम जैसे लोग उनका साथ दे रहे थे। जगह-जगह वे जमीन के प्लॉट खरीद रहे थे। इण्डियन माल के थोक खरीद और व्यापार का लाइसेंस और अधिकार पा रहे थे। आयात और निर्यात पर उन्हीं का कब्जा था। तम्बाकू, कपास, मसाले, सोना, चाँदी, हीरे, जवाहरात, हर चीज़ पर उनका अधिकार हो रहा था।

फ्रांसीसी कम्पनी का डुप्ले हार चुका था। लेकिन उससे उन्होंने तह राज़ जान लिया था जिससे इन हिन्दुस्तानियों को इन्हीं की लाठी से मारा जा सकता था। वह लाठी उन्हीं पश्चिमी गोरों के पास थी,

जिनमें से एक वारेन हेस्टिंग्स भी था जो फिलहाल इस विचित्र देश के सम्मोहन में डूबता-उतराता एक अलग दुनिया में रह रहा था।

तो हमारे किस्से में वसन्त का जिक्र हो रहा था।

•

वारेन हेस्टिंग्स ने चारों ओर फैली प्रकृति के असंख्य रंगों के उस अभूतपूर्व दृश्य पर मुग्ध होकर नजरें डालीं और फिर उसने एक लम्बी साँस खींची।

यह हवा यूरोप ही नहीं, संसार की सारी हवाओं से बिल्कुल अलग थी। उसका पूरा शरीर एक अनोखे स्फुरण से सिहर उठा। लगा जैसे इस हवा को अनगिनत नदियों और झरनों ने अपने निर्मल जल से धो डाला है। घने जंगलों के करोड़ों वृक्षों ने अपनी अगण्य पत्तियों से छान डाला है और लाखों तरह के फूलों ने उनमें अपनी गन्ध भर दी है।

प्रीस्टले और शीले जैसे वैज्ञानिक क्या इस हवा के प्राण तत्त्व को भी सिर्फ़ ऑक्सीजन जैसा नाम देंगे?—हेस्टिंग्स ने सोचा, क्या यह हवा जिसके बस स्पर्श भर से उसके पूरे शरीर में एक नयी उमंग, नया जीवन और इस समूची ऋतु का रस भर गया है, क्या वह सिर्फ़ एक रासायनिक चीज़ है, जैसा यूरोप के लोग अब मानने लगे हैं? उसके मन में इच्छा पैदा हुई कि अगर उसे वह बाज़ीगर कहीं फिर मिल जाये, जो मिस्टर फ्रेयर को गुजरात में मिला था तो वह उस भविष्यवक्ता लड़के से एक प्रश्न और पूछेगा।

प्रश्न यह होगा कि जब अंग्रेज़ मालामाल होकर अपने वतन इंग्लैंड लौट जायेंगे और इण्डिया में उनके जैसे ही नेटिवों का राज होगा तो क्या ये नेटिव शासक इण्डिया को लूटने और बेचने के साथ-साथ इस हवा को भी बेच डालेंगे और खत्म कर डालेंगे?

उसने देखा, दूर एक कदम्ब के पेड़ के नीचे बैठा हुआ बुंतू एकतारा बजाकर गा रहा था :

‘...श्री जयदेवे कृत हरिसेवे भणति परम रमणीयम्
प्रमुदित हृदयं हरिमति सदयं नमत सुकृत कमनीयम्
धीर समीरे यमुना तीरे वसति वने वनमाली
गोपी पीन पयोधर मर्दन चंचल कर युग शाली...’

अद्भुत! कैसी लय! हर शब्द नन्ही-नन्ही घंटियों की तरह बजता हुआ। फिर रंग-बिरंगी स्वर-तितलियों की तरह समूचे पर्यावरण में तैरता हुआ। वारेन हेस्टिंग्स को लगा, एक मादक मूर्च्छा उसे घेरती जा रही है। वह गीत गूँज रहा था : ‘नाम समेतं कृत संकेतं वादयते मृदुवेणम्...’

यह एक कभी न भुलाने वाला अनुभव था।

उसने बुंतू से कहा, “तुम मुझे अपने गाँव केंदुली ले चलो। मैं उसे एक बार देखना चाहता हूँ।” बुंतू ने एकतारा उठाकर रख दिया और कुछ देर तक चुप रहने के बाद बोला, “मुझे खुद नहीं पता कि वह गाँव कहाँ है। एक बार एक ब्राह्मण ने बतलाया था कि उस गाँव का नाम ‘केंदु बिल्व’ होगा। केंदु बिल्व ही अपभ्रंश की प्रक्रिया से बदलकर केंदुली हो गया होगा। इसी गाँव में जयदेव का जन्म हुआ था। लेकिन इस नाम से मिलते-जुलते नाम वाले गाँव बंगाल में सिहंभूमि जिले में, उधर ढाका के पास, उड़ीसा में दो जगह और बिहार प्रान्त के मिथिला में भी हैं।”

बुंतू ने सूनी और खोयी हुई आँखों से कहीं दूर देखते हुए कहा, “मुझे खुद नहीं पता कि इनमें से कौन-सा गाँव मेरा है, क्योंकि शायद इनमें से हर गाँव के लोग कहते हैं कि जयदेव का जन्म यहीं हुआ था। एक बार मैंने पिताजी से पूछा तो उन्होंने कहा कि मैं तो अपने गाँव से यहाँ हुगली के किनारे तक पैदल चला आया था। रास्ते भर एक जैसे जंगल, एक जैसी नदियाँ और एक जैसे गाँव पड़ते रहे। यहाँ तक पहुँचने में मुझे दो-एक महीने लगे थे। लेकिन बीच-बीच में कई गाँवों में मैं ठहर भी जाता था। एक बार छह रोज़ के लिए बीमार भी पड़ा था। इसलिए मैं बता नहीं सकता कि कौन-सा गाँव मेरा है।” बुंतू ने बताया कि पिताजी तो वह दिशा भी भूल चुके थे, जिधर वह गाँव था।

वारेन हेस्टिंग्स को बुंतू की बात पर विश्वास इसलिए हो गया क्योंकि उस वक्त तक इण्डिया का कोई नक्शा ही नहीं बना था। उसे हँसी आयी। "इट्स स्ट्रेंज, इण्डिया डज़ एक्ज़िस्ट बट विदाउट अ मैप, समव्हेयर इन द सोल ऐंड माइंड ऑफ दीज़ मिस्टीरियस इनहैबिटेंट्स।" हा! हा! हा! एक देश, बिना नक्शे का!!

बुंतू से ही उसे गोपाल कृष्ण के बारे में जानकारी मिली, इस देवता के जन्म से लेकर मृत्यु तक की पूरी कहानी सुनने को मिली। बंगाल में कुछ दशक पहले होने वाले चैतन्य महाप्रभु गाँव-गाँव, गली-गली इन्हीं गोपाल कृष्ण का कीर्तन गाते, नाचते हुए घूमते थे। उनके गीत और कृष्ण की कहानी दोनों का प्रभाव ऐसा था कि उत्तर-पूर्व के तमाम आदिवासी और जनजातियों के लोग कृष्ण के दीवाने हो गये थे।

बुंतू ने बताया था कि जिस तरह यहाँ के पत्थरों में उत्कीर्ण मूर्तियाँ मृत नहीं हैं, उसी तरह कृष्ण भी द्वापर युग में एक बहेलिये के द्वारा मारे जाने के बावजूद मृत नहीं हैं। बुंतू ने कहा था कि मृत्यु उसकी होती है, जिसकी कोई कथा नहीं होती। कृष्ण की कथा है, इसलिए वे हैं। उसने बताया था कि जयदेव के घर में कृष्ण की मूर्ति के हाथ में मूँज की रस्सी का एक ऐसा रेशा पाया गया था, जिससे यह सिद्ध हो जाता था कि कृष्ण ने जयदेव की झोंपड़ी का छप्पर खुद अपने हाथ से छाया था। मूँज का वह रेशा आज भी मौजूद है।

"ये क्या मामला है। मैं कहीं पागल तो नहीं हो जाऊँगा..." वारेन हेस्टिंग्स ने उस मूँज की रस्सी के बारे में सोचा जो किसी श्रुति के भौतिक प्रमाण के रूप में मौजूद थी। साक्षात् प्रमाण!

इसका मतलब वह सेब का पेड़ भी जरूर कहीं होगा, जिसका फल आदम ने चखा था। और उसी के आसपास सीज़र की तलवार होगी।

बुंतू ने बताया था कि कृष्ण बाँसुरी बजाते थे और गायें चराते थे। उनकी बाँसुरी का संगीत ऐसा होता था कि उसे सुनकर गायें और गोपियाँ भागती हुई उनके पास चली आती थीं।

बुंतू ने बताया कि एक बार जब जयदेव 'गीत गोविंद' लिख रहे थे तो वे एक जगह अटक गये। उससे आगे उन्हें कुछ लिखते नहीं बन रहा था। कविता रुक गयी। कल्पना के आकाश में कोई शब्द नहीं बचा था। बस शून्य। कई दिन बीत गये। मास बीत गये। पाण्डुलिपि अधूरी रह गयी। जहाँ पर यह व्यवधान आया था, वहाँ का अन्तिम पद था : स्थल कमल गंजनं, मम हृदय रंजनम्/जनित रति तरंग पर भागम्/भण मसृण वाणि कर वाणि चरण द्वयं/सरसलदलक्तरागम्...

और तभी अचानक एक दिन जयदेव ने देखा कि उस पाण्डुलिपि में एक अनगढ़, अनपहचानी लेखनी में आगे का पद लिखा हुआ था : 'स्मरगलखण्डनं मम शिरसि मण्डनं/देहि पदपल्लवमुदारम्...'

आह! यही था वह पद जो उनकी कल्पना में स्वयं को व्यक्त नहीं कर रहा था। इसी की खोज में उनकी पाण्डुलिपि अटक गयी थी।

जयदेव 'देहि पदपल्लवमुदारम्...देहि पदपल्लवमुदारम्' रटते हुए जब कृष्ण की उस मूर्ति के पास गये, जिसके हाथ में कभी मूँज की रस्सी का रेशा पाया गया था, तो उन्होंने देखा कि उस मूर्ति के दाहिने हाथ की उँगली में स्याही लगी हुई थी..."ओह, तो यह पद तुमने लिखा था, गोपाल?"

"...देहि...पद...पल्लव...मुदारम्...! देहि...पद...पल्लव...मुदारम्...!" जयदेव बार-बार भावाकुल होकर दोहरा रहे थे और उनकी आँखों से लगातार आँसू बह रहे थे।

वारेन हेस्टिंग्स खुद भी रोने लग गया।

कहाँ एक तरफ़ इंग्लैंड में 'एज ऑफ रीज़न' आ चुका था। बैंक, शेयर बाजार और वाणिज्य पूँजी का विकास हो चुका था। दुनिया भर में नये-नये बाजार बन रहे थे। पूँजी, माल और मुनाफे के लिए कम्पनियाँ और राष्ट्र-राज्य एक-दूसरे का गला काट रहे थे, धरती और समुद्र में लड़ाइयाँ जारी थीं...और कहाँ यह ऐसा देश था, जहाँ पाण्डुलिपि में एक अपरिचित लेखनी में लिखा गया पद और मूँज की रस्सी का एक ऐसा रेशा साक्षात् सबके सामने मौजूद था, जो किसी दंत्यकथा का भौतिक प्रमाण बन रहा था।

मैं भी कवि बनूँगा। अंग्रेज़ी कविता का पितामह चाउसर भी तो लन्दन का था, लेकिन उसकी कविता में सिर्फ़ इंग्लैंड नहीं, समूचे यूरोप की संस्कृत अभिव्यक्त हो रही थी।

मैं भी सर फिलिप सिडनी जैसा कवि बनूँगा—इण्डिया के जयदेव, विद्यापति, कालिदास, चैतन्य और संस्कृति के तमाम कवियों से प्रेरणा लेकर। और अगर मैं भी यहाँ ईस्ट इण्डिया कम्पनी के लिए किसी इण्डियन राजा या नवाब के साथ युद्ध में मारा गया, जैसा फिलिप सिडनी जुटफेन के युद्ध में मारा गया था, तो सारा यूरोप मेरे लिए उसी तरह रोएगा जैसा फिलिप सिडनी के लिए रोया था। मुझे भी 'फ्लावर ऑफ इंग्लैंड' कहा जायेगा। और जब मैं मरूँगा तो सारे यूरोप के कवि दुख और पीड़ा से भर कर मेरी स्मृति में शोकगीत लिखेंगे। फिर जिस कलम से वह शोकगीत लिखा गया है उसे मेरी कब्र पर चढ़ा देंगे। फिलिप सिडनी की तरह मेरी कब्र भी असंख्य कवियों की उदास कलमों से ढक जायेगी। और उन कलमों में स्याही नहीं, यूरोप के तमाम साधारण लोगों के आँसू होंगे। मुझे मृत्यु के बाद इतना प्यार किया जायेगा, इतना प्यार किया जायेगा कि...वारेन हेस्टिंग्स की आँखों में, स्वयं अपनी ही मृत्यु की कल्पना से पैदा हुई सहानुभूति की वजह से, आँसू बहने लगे।

इतवार खाने-पीने और मौज-मज़ा करने का दिन था। सब लोग खुले बगीचे में बैठते। उस दिन यूरोप की शराब, ब्रांडी और वाइन दिल खोलकर सभी को उँड़ेली जाती। वरना बाकी दिन तो फारस की शिराज या ज्यादातर अरक पीकर ही प्यास बुझाई जाती।

जाफ़रान की खुशबू में डूबे हुए मह-मह महकते चावल, पुलाव और बिरयानी। खानसामा अब्दुल कादिर के हाथ में कोई जादू था। बादाम और काजू के साथ मक्खन में पकाया गया मुर्ग-दमपुख्त जब मेज पर रखा जाता तो सबके मुँह में पानी भर आता। ड्रिंक्स के साथ कबाब भी कम लजीज़ नहीं होते थे। लेकिन बीफ़ (गोमांस) नसीब नहीं होती थी। यहाँ के नेटिव लोग गाय की पूजा करते थे, उसे अपने घर के आँगन में बाँधते थे, उसका दूध पीते थे और हिन्दू लोग उसे माँ कहते थे। मुसलमानों की नवाबी होने के बावजूद सरकार की ओर से गाय काटने पर बंदिश लगी हुई थी।

कहते हैं पटना के कम्पनी एजेंट मिस्टर एलिस ने एक बार नवाब के दरबार में रात की महफिल में, नवाब को यूरोप की खास, उम्दा वाइन के नशे में डुबाकर इस कानून को खत्म करवाना चाहा लेकिन नशे में लड़खड़ाती ज़बान से नवाब ने कहा था, "सुनो जनाब एलिस, तुम लोग तो यहाँ दौलत कमाने और तिजारत करने आये हो। एक-न-एक दिन तुम्हें अपने वतन लौट जाना है। लेकिन हमें तो यहीं रहना है। इसी मिट्टी में हम पैदा हुए, खेले-कूदे और इसी में एक दिन हमें दफ़न भी हो जाना है। तो हम यहाँ के बाशिंदों के, यहाँ के लोगों के जज़्बात को क्यों चोट पहुँचाएँ!"

एलिस ने चालाकी के साथ नवाब को भड़काने की कोशिश की, "योर हाइनेस, क्या गाय की पूजा करने वाले हिन्दू लोग काफ़िर नहीं हैं? क्या आप अपनी हुकूमत काफ़िरों के रहमोकरम पर चलाते हैं?"

नवाब ने सारी वाइन एक घूँट में अपनी हलक़ में उतार ली और खाली प्याला आगे बढ़ाते हुए उसे फिर भरने का इशारा किया। इसके बाद उसने ठहाके लगाते हुए कहा, "मिस्टर एलिस, काफ़िर वो हिन्दू नहीं है जो गाय की पूजा करता है। काफ़िर तो हम हैं, जो हज़रत की

पाबन्दी के बावजूद ये शराब पीकर कुफ्र का गुनाह कर रहे हैं।" मिस्टर एलिस ने देखा कि नशे में लड़खड़ाता हुआ नवाब खड़ा हुआ और उसने वाइन से भरा हुआ प्याला पत्थर के फर्श पर पटककर चकनाचूर कर दिया। उसकी आँखें मिस्टर एलिस को घूरती हुई जल रही थीं। वे आँखें पटना के कम्पनी एजेंट मिस्टर एलिस के चेहरे के पार भविष्य का कोई ऐसा चेहरा देख रही थीं, जो दहशतज़दा था।

मिस्टर एलिस ने चुपचाप वहाँ से खिसक लेने में ही अपनी भलाई समझी। लेकिन उस रात के बाद वह मुसलमान नवाबों का कट्टर दुश्मन बन गया।

लेकिन ऐसे नवाब तो अपवाद थे। यहाँ तो कम्पनी के अफसरों द्वारा दी गयी पार्टी में ऐसे मुसलमान अमीरज़ादे आते थे जिनका सिर, बोतल की बोतल शराब चढ़ा जाने के बावजूद नहीं घूमता था। और वे रईस हिन्दू भी, जो गोरों की कृपादृष्टि पाने के लिए केले के पत्तों में चोरी से लपेटकर लाया गया गाय का कान भेंट में देते थे। ये हिन्दू ज्यादातर ऊँची जात के होते थे। अंग्रजों की पार्टियों में शामिल होना वे अपनी शान समझते थे।

वारेन हेस्टिंग्स ने देखा था कि ये उन रहस्यमय नेटिव्स से बिल्कुल अलग थे। इनमें कोई रहस्य नहीं था। वे जानते थे कि बंगाल का नवाब मीर क़ासिम अब हार चुका है और इलाहाबाद, अवध ही नहीं, दिल्ली तक की दीवानी अंग्रेज़ कम्पनी ने हासिल कर ली है, इसलिए वही अब उनके आका हैं। वे हर तरह से इन गोरों को खुश करने और उनका विश्वास हासिल करने की कोशिश करते।

ये वे लोग थे जो हिन्दुस्तान की लूट में अंग्रेज़ों के साथ हिस्सेदारी चाहते थे। उन्हें सिर्फ़ ऐश्वर्य, मज़ा, सुख और दौलत चाहिए थी। वे अंग्रेज़ी बोलने की कोशिश करते, उनकी औरतें और लड़कियाँ यूरोपियनों जैसे कपड़े पहनतीं, वैसा ही नाचतीं। वे बहुत तेजी से अंग्रेज़ों जैसा बनने की कोशिश कर रहे थे। हालाँकि उनमें से कई बहुत शालीन, सुसंस्कृत और विद्वान थे। मुग़ल शासन के दौरान उन्होंने बड़ी मेहनत से फारसी सीखी थी और दरबार से तमाम

इनायतें पायी थीं। बदलते वक्त में वे अब अंग्रेज़ी सीख रहे थे। ये ऐतिहासिक चापलूस थे, ऐतिहासिक अभिजन, ऐतिहासिक व्यापारी और ऐतिहासिक सत्ताकामी।

तीन सवर्ण हिन्दू परिवार ऐसे थे जो डाउनटन की कोठी में दी जानेवाली पार्टी में अक्सर आते थे और उन्होंने बीफ़ खाना शुरू कर दिया था। मोहिनी ठाकुर उन्हीं में से एक परिवार की लड़की थी। शेक्सपियर के कुछ नाटकों के अंश उसने कंठस्थ कर रखे थे। पियानो बजाना उसने सीखा था। बिल्कुल ब्रिटिश उच्चारण के साथ अंग्रेज़ी बोलती थी। उसके पिता को तम्बाकू और मछली के व्यापार का, मिदनापुर कलकत्ता और मालदा का कान्ट्रैक्ट ईस्ट इण्डिया कम्पनी से प्राप्त करना था। मोहिनी ठाकुर को अपने परिवार की समृद्धि के लिए यह काम 'होशियारी' से करना था।

वह बहुत होशियार थी। रात में डाउनटन ने बिस्तर पर उसे जाना। वह अद्भुत थी। कोई पूर्वी यक्षिणी। वह विपरीत रति था। डाउनटन को लगा कि जैसे उसका शरीर कोई समुद्र हो, जिसका मंथन हो रहा हो। हर बार मोहिनी ठाकुर उसकी देह को मथकर आनन्द का एक नया रत्न उसे निकाल कर देती। टेक मी, होल्ड मी, आयम कमिंग। कम ऑन जस्ट डू इट। डू इट।

इसके बाद फ्रेडरिक का नम्बर लगा। वह नशे में धुत था। मोहिनी ठाकुर ने उसका भी मंथन किया और मोना का नया नाम हासिल किया। मोना...आयम कमिंग टू...ऊ...हू।

सबसे गम्भीर कहानी लेंटन की थी, जिसकी बारी रात में सवा दो बजे आयी। वह चार साल से इंग्लैंड से बाहर था और इन चार सालों में अपने शर्मीलेपन के कारण उसे किसी औरत का सुख नहीं मिल पाया था। वह एक ठहरा हुआ तूफान था। पुंसत्व का बँधा हुआ झंझावात। डाउनटन के बेडरूम में जाने की उसकी हिम्मत नहीं हो रही थी जहाँ मोहिनी ठाकुर अपनी प्रतिभा का प्रदर्शन कर रही थी, लेकिन मोहनी की माँ नंदिनी ठाकुर ने उसे प्यार से वहाँ धकेला।

वे उससे इंग्लैंड के सेंट, कॉस्मेटिक्स और कपड़ों की कीमती गिफ़्ट पहले ही हासिल कर चुकी थीं।

लेंटन लेकिन युवा था और भावुक था। मोहिनी ठाकुर ने उसे देखा। उसने अभी तक शेविंग की शुरुआत नहीं की थी। नरम-भूरे रोयें उसके चेहरे पर अब धीरे-धीरे सख्त और स्याह होने शुरू हो गये थे। हालाँकि उसकी त्वचा अभी भी कोमल थी। नासापुटों और गालों में वह हल्का गुलाबीपन था, जो कच्चेपन का चिह्न होता था।

लेंटन झेंप रहा था। मोहिनी दक्ष थी।

वाइन के घूँट लेंटन के गले में उतरते जा रहे थे। रात के तीन बज रहे थे। हवा में हल्की खुनक घुलने लगी थी। लेंटन किसी स्वप्नलोक में था। मोहिनी ठाकुर की उँगलियाँ कभी उसके सिर के नरम बालों, कभी उसकी छाती में घूमने लगती थीं।

लेंटन गा रहा था : "कम लिव विद मी ऐंड बी माइ लव/ऐंड वी विल ऑल द प्लेज़र्स प्रूव/दैट हिल्स ऐंड वैलीज़, डेल्स ऐंड फील्ड्स/ऑर वुड्स ऑर स्टीपी माउंटेन यील्ड्स ऐंड वी विल सिट अपॉन दि रॉक्स..."

मोहिनी ठाकुर के भीतर पहली बार एक ऐसी लड़की पैदा हुई जो अपने पिता को तम्बाकू और मछली के व्यापार का ठेका कम्पनी से दिलाने के लिए नहीं, बल्कि इस निश्छल, अबोध और भावुक नौजवान अंग्रेज़ अफसर लेंटन के प्रेम के लिए तड़प रही थी। उस दिन सुबह के पाँच बजे तक लेंटन के भीतर अब तक ठहरे हुए तूफान ने मोहिनी ठाकुर को फर्श, बिस्तर, कारपेट, पोर्टिको...पता नहीं कहाँ-कहाँ उछाला और पटका।

लेकिन जब तूफान थमा तो मोहिनी ठाकुर को लगा जैसे किसी अलौकिक झरने ने उसकी आत्मा और देह को अमृत जैसी शीतलता से नहला डाला हो...एक अपूर्व तृप्ति और ताजगी। लेंटन ने पैंट पहन ली थी और उसकी ओर स्वप्न में डूबी आँखों से देखता हुआ मुस्कुरा रहा थाः "वी डिड इट इन फ्रंट ऑफ दि मिरर/ऐंड इन दि लाइट। वी डिड इट इन डार्कनेस/इन वाटर, ऐंड इन दि हाइ ग्रास.../वी डिड इट इन ऑनर ऑफ बीस्ट ऐंड इन ऑनर ऑफ गॉड..." हाँ, उसने यह किया।

वहशी पशुओं के सम्मान के लिए। लेकिन लेंटन के साथ उसने किया किसी देवता के सम्मान में...

कहते हैं लेंटन उस रात के बाद मोहिनी ठाकुर से मिलने उसके घर पहुँच जाता। उसकी माँ नंदिनी को तरह-तरह के गिफ्ट देता—हाथीदाँत की कृतियाँ, फ्रांसीसी सेंट और प्रसाधन का सामान, मानचेस्टर के कीमती कपड़े, मालाबार तट के कार्नेलिया, मेरीना के कोरल...

लेंटन कविताएँ लिखने लगा था। उन कविताओं को वह मोहिनी ठाकुर को सुनाता। उधर मोहिनी के पिता को तम्बाकू और मछली ही नहीं, शोरा और कपास की खरीद का ठेका भी कम्पनी की ओर से मिल गया था।

बल्कि एक रात की पार्टी में जब उसने कम्पनी के अफसरों की सेवा में हालिकार नस्ल की गाय के कोमल बछड़े की रान और अपनी पत्नी नन्दिनी की मौसेरी बहन सुनन्दा को पेश किया तो उससे कहा गया कि तुम देखते रहो, आगरा और बिहार में इंडिगो (नील) का व्यापार करने वाले डच एजेंटों को हम भगा देंगे और तुम इसकी ठेकेदारी में मालामाल हो जाओगे।

लेकिन इसी बीच कुछ ऐसी घटनाएँ भी घटीं, जो सुखद नहीं थीं।

एक रात जब फ्रेडरिक मोहिनी ठाकुर के कपड़े उतार रहा था तो वह रोने लगी। इसके कुछ पहले एक बार उसने बीफ़ खाने से भी मना कर दिया था। उसकी माँ नन्दिनी ने उसे समझाया कि "मोना, दुनिया तेजी से बदल रही है। यूरोप में औद्योगिक क्रान्ति हो गयी है। ईस्ट इण्डिया कम्पनी सारी इण्डिया को अपने कब्जे में करेगी। तुम जरा-सा प्रैक्टिकल हो जाओ तो हम ऐश करेंगे।" लेकिन मोहिनी ठाकुर ने कहा, "माँ, मुझे लगता है जैसे मेरी नसों में सारे यूरोप की गन्दी नालियों का विषाक्त उच्छिष्ट बह रहा है...पिताजी को कितनी दौलत चाहिए? इतना तो मिल गया..."

नन्दिनी ठाकुर ने उसे एक थप्पड़ मारा। तभी वहाँ कोठी का खानसामा अब्दुल क़ादिर आ गया। वह अरक के नशे में धुत था और शामी कबाब की तश्तरी उसके हाथ में थी। उसने कहा, "हमसे भी इंजेक्शन लगवा लो

मेम साब। कबाब और दमपुख़्त बनाना आ जायेगा। इतनी दौलत किस काम की अगर ज़ायकेदार खाना बनाना ही कोई न जाने...”

“शट अप यू बास्टर्ड...” नन्दिनी ठाकुर चीखीं। इस दो कौड़ी के नेटिव खानसामे की यह मजाल! उसी रात अब्दुल क़ादिर को बंगले से बरखास्त कर दिया गया। फ्रेडरिक ने उसे हंटर से मारा। अब्दुल क़ादिर न चीखा, न रोया, न रहम की भीख माँगी।

और, लेंटन को मद्रास भेज दिया गया, इस वार्निंग के साथ कि आइंदा वह कभी कविताएँ न लिखे, अनुशासन में रहे और किसी भी नेटिव लड़की के साथ ज्यादा मेलजोल न बढ़ाये। लेंटन ने कलकत्ता छोड़ने के पहले अपनी मोना को अपनी अन्तिम कविता भेंट की थी :

“कम टु मी इन ड्रीम्स, दैट आइ मे लिव/माइ वेरी लाइफ अगेन दाउ कोल्ड इन डेथ/कम बैक टु मी इन ड्रीम्स, दैट आइ मे गिव/पल्स फॉर पल्स, ब्रेद फॉर ब्रेद...”

इसके बाद लेंटन, मोहिनी ठाकुर और अब्दुल क़ादिर का क्या हुआ, यह हमारी इस कथा का विषय नहीं है। हाँ, लेंटन का यह अन्त देखने के बाद वारेन हेस्टिंग्स ने फिलिप सिडनी जैसा कवि बनने का स्वप्न देखना छोड़ दिया।

बुंतू के साथ घूमता-भटकता वारेन हेस्टिंग्स कृष्ण[illegible] होता जा रहा था। वह मथुरा और वृन्दावन घूम आया था। सरयू और यमुना जैसी नदियों की स्याह-नीली धाराओं का प्रवाह उसने मन्त्रमुग्ध होकर देखा था। यमुना के तट पर, मिट्टी की छोटी-सी चिलम में गाँजा सुलगाकर ...“या अलख निरंजन” और “हो बम बोल, बम बोल” की हाँक के साथ फेफड़े भर सुट्टा खींचने वाले साधु आनन्द मुरारी ने कहा था, “बच्चा, जो भी तू देख रहा है, वह सब मिथ्या है। सब माया है। सब भ्रम है। ये सारी धरती तो उस गोवर्द्धनधारी कृष्ण कन्हैया की लीलाभूमि है। जो भी कुछ हो रहा है और तू जिससे सुखी-दुखी होता है, वह सब लीला है...! गह अनित्य है...परन्तु नित्य है...”

जब आनन्द मुरारी ने चिलम से सुट्टा खींचा तो गाँजे की कली से अग्निशिखा की लौ निकलने लगी। रात के अँधेरे में आलोक के उस नन्हे-से वृत में उस साधु का चेहरा प्रदीप्त हुआ। आह, यह वही चेहरा था। बुंतू ने ज़ोरों से वारेन हेस्टिंग्स के कन्धे पकड़ लिए...

वारेन हेस्टिंग्स यमुना के तट में, भीगी रेत में, अँधेरे में रोमांचित और डरा हुआ खड़ा था। काँपती हुई आवाज़ में वह बोल रहा था, "ओह! सो, इट वाज़ यू...इट वाज़ यू कृष्णा...! इट वाज़ यू अगेन।"

वे दोनों वहाँ से ताबड़तोड़ भागे क्योंकि कुछ पल पहले जिस जगह पर वह साधु बैठा चिलम पी रहा था, वहाँ सिर्फ़ रेत की एक छोटी-सी ढूह भर थी।

कलकत्ता के विक्टोरिया मेमोरियल में आज भी एक ऐसी पेंटिंग संगृहीत है जिसमें वारेन हेस्टिंग्स अपनी पत्नी के साथ एक बरगद के पेड़ के नीचे खड़ा है। वारेन हेस्टिंग्स के बाएँ हाथ में एक छड़ी है और उसी हाथ से उसने छड़ी की मूठ के साथ-साथ अपना हैट भी पकड़ रखा है। दाहिने हाथ से उसने अपनी पत्नी का हाथ थाम रखा है। पृष्ठभूमि में कलकत्ता है। उन दिनों कलकत्ता इतना घना और बेतरतीब नहीं था। वह भव्य और सम्मोहक था। सार्वजनिक इमारतों का स्थापत्य नया और अपूर्व था। नदियों में यूरोप के जहाज, भारतीय व्यापारियों के बजरे और मछुआरों की नौकाएँ तैरती रहती थीं। इस चित्र में वारेन हेस्टिंग्स की पत्नी के पीछे एक बंगाली लड़की खड़ी हुई है। उसकी बड़ी-बड़ी आँखें हैं। उसके दाहिने हाथ में वारेन हेस्टिंग्स की पत्नी का हैट है, जिसमें किसी दुर्लभ श्वेत पक्षी के परों की कलंगी लगी हुई है।

विक्टोरिया मेमोरियल में संगृहीत इस चित्र को सन् 1783 में इंग्लैंड से खास तौर पर भारत बुलाये गये अंग्रेज़ चित्रकार जॉन जोफेनी ने बनाया था। यह तब का चित्र है, जब वारेन हेस्टिंग्स अधेड़ और गंजा हो चुका था।

लेकिन आप अगर गौर से और देर तक इस चित्र को देखें तो आपको पता चलने लगेगा कि उस बरगद के पेड़ के नीचे, वारेन हेस्टिंग्स की पत्नी के पीछे खड़ी उस जवान बंगाली नौकरानी और वारेन हेस्टिंग्स के बीच कोई गहरा, अदृश्य और अपरिभाषित सम्बन्ध है। आपको यह लगेगा कि वारेन हेस्टिंग्स अपनी पत्नी का हाथ पकड़कर उसे भरोसा दिलाते हुए, उसी सम्बन्ध को छुपाने का प्रयत्न कर रहा है। धीरे-धीरे आप इस रहस्य को जान जायेंगे कि आखिर वारेन हेस्टिंग्स और बंगाली

लड़की के हाथों में ही हैट क्यों है, जबकि वारेन हेस्टिंग्स की पत्नी के दोनों हाथ खाली हैं।

और तब, यह चित्र आपके सामने अपने सारे अर्थ-संकेतों को खोलने लगेगा और आप जान जायेंगे कि चित्रकार जॉन जोफेनी ने यह चित्र वारेन हेस्टिंग्स और उस साँवली नेटिव लड़की के बीच के सम्बन्धों को व्यक्त करने के लिए ही बनाया था, लेकिन वे दोनों अपने-अपने हाथ में रखे हैट से उसे लगातार ढाँपने की कोशिश कर रहे हैं।

लेकिन जॉन जोफेनी अपनी कोशिश में अन्ततः इसलिए सफल हो गया है क्योंकि उसने उस लड़की और वारेन हेस्टिंग्स की आँखों की भावनाओं को पकड़ लिया है।

जी हाँ, आप गौर से देखें, वे दोनों यानी वह साँवली बंगाली लड़की और वारेन हेस्टिंग्स गहरे आवेग में एक-दूसरे को सम्मोहित होकर निहार रहे हैं और उनके बीच खड़ी इंपीरियल पोशाक में सजी-धजी उसकी दुबली-लम्बी पत्नी, बस वहाँ उपस्थित भर है। क्योंकि वह एक ब्रिटिश प्रतीक है। ठीक उसी तरह जैसे चित्र की पृष्ठभूमि में दिखाई देनेवाला हाथी एक भारतीय प्रतीक है। वह भी वहाँ बस उपस्थित भर है।

इस लड़की से वारेन हेस्टिंग्स की मुलाकात कैसे हुई, इसकी भी एक रोचक दास्तान है। यह सन् 1772 की बात है। ईस्ट इण्डिया कम्पनी ने वारेन हेस्टिंग्स को इसी साल कलकत्ता में गवर्नर नियुक्त किया था।

वारेन हेस्टिंग्स को दूर-दूर तक इसकी उम्मीद नहीं थी। लार्ड क्लाइव हिन्दुस्तान में ब्रिटिश साम्राज्य की नींव डालकर वापस इंग्लैंड लौट चुका था।

वारेन हेस्टिंग्स के गर्वनर बनने पर सबसे ज्यादा खुश बुंतू हुआ। उसने कहा, "तुम पर गोपाल कृष्ण की कृपा है। वे अगर किसी को कुछ देने पर आ जायें, तो पता नहीं क्या-क्या दे डालते हैं।"

वारेन हेस्टिंग्स को भी इस बात पर विश्वास हुआ, क्योंकि वह अक्सर अपने बंगले के बगीचे में फटे सूती कपड़े पहनकर, गले में पीतांबर डालकर या तो तरह-तरह के पेड़-पौधे लगाने लगता था या बाँसुरी बजाने की कोशिश करता था। गवर्नर जनरल बनने के बाद भी कुछ वर्षों तक उसकी ये आदत छूटी नहीं थी। डेनिस किनकेड ने अपनी प्रसिद्ध किताब 'ब्रिटिश सोशल लाइफ इन इंडिया' में लिखा है कि वारेन हेस्टिंग्स इंग्लैंड से पार्सल द्वारा मधुपीन, स्वीटब्रीयेर जैसे पौधों के बीज या बोतलों में पैक किये गये पौधे मँगाता रहता था। एक बार जब एक जहाज में ट्राफेल्स, मोरेलेस और आर्टिचोक बॉटमस के पार्सल आये तो वह खुशी के मारे पागल हो उठा। वह चाहता था कि इंग्लैंड के पौधे यहाँ भारत की अबोहवा को अपना लें।

बहरहाल, गर्वनर बनने के फौरन बाद उसने पहला काम यह किया कि अब्दुल कादिर को अपने बँगले में फिर खानसामा नियुक्त कर दिया, ज्यादा तनख्वाह और तरक्की के साथ। और बुंतू को भी उसने अपने साथ रखा।

उस दिन बगीचे में, शाम ढलने के बाद वारेन हेस्टिंग्स पीताम्बर और घुटनों तक की धोती में खड़ा हुआ बाँसुरी बजाने की कोशिश कर रहा था कि झुरमुट के पीछे से किसी लड़की की खिलखिलाकर हँसने की आवाज़ आयी।

यह लड़की वही थी, जो जॉन जोफेनी के बनाये गये चित्र में उसकी पत्नी का हैट लेकर, उसके पीछे खड़ी है।

"कौन है, वहाँ?" हेस्टिंग्स ने पूछा। वह अब बंगला बोलने लगा था। "मैं हूँ। चोखी।" एक साँवली-सी लड़की झुरमुट के पीछे से निकलकर आयी। वारेन हेस्टिंग्स की चेतना अवसन्न होने लगी। यह निश्चित ही कोई नयी लीला थी। यह देश तो 'वंडर लैंड' था ही। मथुरा के पास, यमुना के तट पर रेत की ढूह में बदल जाने वाले उस गंजेड़ी साधू आनन्द मुरारी ने तो कहा भी था कि यह लीला भूमि है। यहाँ सब कुछ उसी की माया है।

तरह-तरह के भ्रम। अनगिनत इल्यूज़ंस।

वारेन हेस्टिंग्स ने गौर से उस लड़की को देखा। हाँ, बिल्कुल यही। ऐसा ही चित्र था जो बुंतू ने उसे वृन्दावन के मन्दिर की दीवारों पर दिखाया था। तो इसका मतलब, गोपाल कृष्ण अब मेरे साथ 'ट्रिक' कर रहा है। वैसी ही बड़ी-बड़ी, मछलियों जैसी कटावदार आँखें। ऐसी ताम्रवर्णी त्वचा, जिसे हासिल करने के लिए यूरोप की गोरी स्त्रियाँ घण्टों अपनी छतों पर या समुद्र के किनारे, खुली कर्कश धूप में नंगी पड़ी रहती हैं। और वैसी देहयष्टि जैसी यहाँ हिन्दुओं के मन्दिरों में पत्थरों पर उत्कीर्ण यक्षिणियाँ होती हैं।

वृन्दावन के मन्दिर की उस दीवार में मिट्टी और वनस्पतियों के रंगों से किसी अज्ञात चित्रकार द्वारा बनाये गये उस चित्र में यह लड़की गोपाल के साथ है और वे इसके दाएँ स्तन को अपनी हथेलियों में थामे हुए हैं।

"मुझे मालूम है, तुम कौन हो! मुझे उल्लू मत बनाओ।" वारेन हेस्टिंग्स ने सब कुछ समझकर मुस्कराते हुए कहा।

"मैं चोखी हूँ, मालिक!" उस लड़की को हँसी फिर आयी।

"हाँ, और जब मैं तुम्हें पकड़ने के लिए आगे बढ़ूँगा, तो मेरे हाथ में इस कनेर की टहनी भर आयेगी। है न?" हेस्टिंग्स ने कहा।

"आप तो बड़े दिलचस्प आदमी हैं, मालिक। मुझको ये पता नहीं था।" लड़की फिर हँसी।

"अच्छा, मैं तुम्हें छूकर, तुम्हें खोऊँगा नहीं। तुम वादा करो कि तुम हर रोज यहाँ शाम को आओगी और मुझसे बातें करोगी।" वारेन हेस्टिंग्स, ईस्ट इण्डिया कम्पनी का गवर्नर, जिसके अधीन बिहार-बंगाल से लेकर अवध, इलाहाबाद और दिल्ली तक का इलाका था, जिसने स्थायी भूमि बन्दोबस्त की नयी ऐतिहासिक प्रणाली लागू की थी, राजस्व के नये नियम बनाये थे, वह इस साँवली-सी चोखी के सामने गिड़गिड़ा रहा था।

"आऊँगी नहीं, तो जाऊँगी कहाँ, मालिक!" लड़की खिलखिलाकर हँसती हुई भाग गयी। वहाँ अब सचमुच कनेर की हिलती हुई टहनियाँ बची थीं।

वारेन हेस्टिंग्स ने इस घटना के बारे में बुंतू को बताया। पहले तो बुंतू को विश्वास नहीं हुआ और जब हुआ तो वह अपना एकतारा बजा-बजाकर गाने लगा—

'कातर नयन बयन करि सुन्दरी, बोलत मधुरिम वाणी।
कि करि उपाय कहत प्रिय सहचरी, वेदन छेदन जानी...।
हिय महँ पइठल शेल, अनुखन नीर बहत मधु लोचन...'

हेस्टिंग्स ने वादा किया कि आज शाम बुंतू को भी वह उस लड़की के दर्शन का मौका देगा।

उस शाम सूरज ढलने के पहले ही दोनों बगीचे में पहुँच गये। वारेन हेस्टिंग्स पीताम्बर और धोती में था। बुंतू मेहँदी की घनी झाड़ियों के पीछे छुप गया। वारेन हेस्टिंग्स बेचैनी में टहल रहा था। बीच-बीच में वह अपनी बाँसुरी बजाने की कोशिश करता। क्या ऐसी ही, इतनी ही तेज़ बेचैनी और व्याकुलता गोपाल कृष्ण को भी घेरती रही होगी, जब वे राधा की प्रतीक्षा करते थे...!

आख़िर वह पाजेब की आवाज़ जैसी खिलखिलाहट शाम के धुँधलके में पैदा हुई। कनेर की टहनियाँ हिलीं और वह लड़की धम् से कूदकर बाहर आ गयी। उसके मोतियों जैसे दाँत चमक रहे थे। बड़ी-बड़ी टकोरे जैसी आँखों में शरारत भरी मुस्कराहट थी।

"ये लो, मैं आ गयी, मालिक। अब बातें करो।" उसने कहा।

"अरे, ये तो चोखी है!" मेहँदी की झाड़ियों के पीछे छुपा हुआ बुंतू निकलकर बाहर आ गया। "धत् तेरे की, तुमने तो कहा था, तुम राधा से मिलाओगे।" वारेन हेस्टिंग्स भौचक्का था। "तो क्या ये असली वाली है? ये राधा नहीं है?" उसे अब भी विश्वास नहीं हो रहा था।

"ये कौन है, ये तो मैं तुम्हें बाद में बताऊँगा। लेकिन अगर ये छोकरी तुम्हें इतनी अच्छी लग गयी है तो समझ लो यही राधा है और तुम कन्हैया हो। नित्य-नित्य महानित्य तीनि नित्य कहि, स्थाने-स्थाने राधा कृष्ण रहि।" बुंतू समझ गया था कि उसके फिरंग सखा के दिल में इस कलूटी चोखी ने सेंध लगा दी है।

उसने देखा कि हेस्टिंग्स अपलक उस लड़की को देखता जा रहा था। यह विश्वास कि उसे छूने पर वह गायब नहीं होगी उसके भीतर एक नये अनुभव को जन्म दे रहा था। बुंतू ने उन दोनों के बीच और ज्यादा रुकना ठीक नहीं समझा। "देख चोखी! साहब के साथ खूब खेल खेलना। जितना तू खिलाएगी, ये उतना खेलेंगे। समझी।"

चोखी मुस्करायी, लेकिन शर्म से उसका चेहरा लाल हो गया।

वारेन हेस्टिंग्स ने जब उसे पहली बार छुआ, तो वह सिहर गयी थी। बाप रे, इतना बड़ा, गोरा लाट गवर्नर। एकदम भुट्टे के भुए जैसे बाल। मक्खन का मरद।

वारेन हेस्टिंग्स हालाँकि बहुत दूरदर्शी और योग्य गवर्नर था लेकिन उसकी इन हरकतों से ईस्ट इण्डिया कम्पनी के इंग्लैंड में बैठे बोर्ड ऑफ डायरेक्टर्स को उसकी क्षमता पर सन्देह होने लगा और इसके लिए उन्होंने हालवेल और स्ट्रेची से उसकी जासूसी करवायी।

इन अंग्रेज़ अधिकारियों ने जो खुफिया रपट इंग्लैंड भेजी उसमें लिखा था कि आजकल गवर्नर जनरल वारेन हेस्टिंग्स शाम का अपना वक्त बगीचे में एक नेटिव लड़की चोखी के साथ ग़ुजारते हैं। एक बार स्ट्रेची ने उन्हें नंगी चोखी के स्तनों पर टेसू, गुलाब, कनेर और गेरू,

चंदन, छुई मिट्टी तथा पत्तियों से निकाले गये रंगों से, मोर पंख की कलम से चित्रकारी करते देखा। वे उस ब्लैक और बदसूरत लड़की को तरह-तरह से सजाते रहते हैं। हालवेल ने उन्हें बगीचे के एक आम के पेड़ की डाल में बाँधे गये झूले पर झूलते हुए संभोग करते देखा था। उसने लिखा उनको देखकर ऐसा लगता है जैसे वे इण्डिया की मशहूर किताब, जिसे गुप्ता पीरियड में लिखा गया था, वात्स्यायन के 'कामसूत्र' का डिमांस्ट्रेशन कर रहे हों। स्ट्रेची ने रिपोर्ट भेजी कि चोखी के गवर्नर हेस्टिंग्स के साथ क्या रिश्ते हैं, इसे बंगले में काम करने वाला हर कर्मचारी जानता है, लेकिन वे लोग इसे कोई खास महत्त्व नहीं देते क्योंकि यहाँ लगभग हर अंग्रेज़ अफसर के पास अपनी-अपनी नेटिव रखैलें हैं। जिनके पास नहीं हैं, वे या तो ज़ोर जबरदस्ती के द्वारा कहीं से लड़कियाँ उठा लाते हैं या कोठों में जाते हैं।

हालवेल ने लिखा कि कम्पनी के अफसरों के पास इस मामले में कोई अभाव इसलिए नहीं है क्योंकि यहाँ हिन्दुस्तानियों का एक वर्ग ऐसा है, जो जल्द से जल्द अमीर बनना चाहता है। वह प्राचीन काल के रोम के गुलामों से भी ज्यादा गुलाम है। इसमें ज्यादातर ऊँची जाति के लोग हैं। उन्होंने बीफ़ खाना शुरू कर दिया है, अंग्रेज़ी बोलने लगे हैं, यूरोपीय कपड़े पहनते हैं और उन्होंने हिन्दुस्तान की सारी पुरानी परम्पराओं को ढकोसला कहना शुरू कर दिया है। वह सिर्फ़ अपनी नस्ल और अपनी त्वचा के रंग के अलावा बाकी हर चीज़ में अंग्रेज़ों के हमज़ाद हैं।

हालवेल ने इस मामले में फ्रांसीसी डायरेक्टर जनरल डुप्ले को कोट किया था—"वे हमारी गुलाम छायाएँ हैं। इण्डिया में हमारा सारा प्रशासन वही चलाएँगे। हम जब इण्डिया को छोड़ यूरोप लौट आयेंगे, तब भी वहाँ हमारी यही गुलाम छायाएँ राज करेंगी। वह इण्डिया में हमारा ही राज होगा।"

कुछ दिनों बाद गुप्तचर अधिकारियों ने एक 'अत्यन्त गोपनीय' रपट और भेजी जिसमें चोखी की पृष्ठभूमि की जानकारी थी। इस रपट के अनुसार 1757 ई. में प्लासी में लॉर्ड क्लाइव ने बंगाल के नवाब सिराजुद्दौला को मीर जाफर और राय दुर्लभ की गद्दारी के कारण हराने

में सफलता पायी थी। लेकिन उस लड़ाई में मीर मदान और मोहनलाल दो ऐसे सिपहसालार थे, जिन्होंने तमाम लालच दिये जाने के बावजूद नवाब सिराजुद्दौला और अपने वतन बंगाल के प्रति अपनी वफादारी आखिरी साँसों तक निभायी। दोनों को लड़ाई के मैदान में धोखे से मार डाला गया, तभी कम्पनी की सेना की जीत हासिल हुई।

बाद में वीरगति पाने वाले मोहनलाल के परिवार को मीर जाफर और राय दुर्लभ ने खत्म करवा डाला। बस एक तीन साल की लड़की एक नीच जात की नौकरानी की हिकमत से किसी तरह बच पायी।

बाद में इस विधवा नौकरानी ने नट-बाजीगर से शादी कर ली और यह लड़की वहीं पलने लगी। वहाँ उसने नटनी की सारी कलाएँ सीखीं। वही लड़की आज गवर्नर जनरल के बंगले में नौकरानी का काम करती है। उसका नाम चोखी है। वास्तव में वह नटनी नहीं है, प्लासी की लड़ाई के शहीद, नवाब सिराजुद्दौला के वफादार और जांबाज सिपहसालार मोहनलाल की बेटी है।

खुफिया रपट के अन्त में लिखा था, महीनों की छानबीन के बाद इस तथ्य का पता लगाया जा सका। लेकिन अपने बारे में यह सच्चाई खुद चोखी को भी पता नहीं है।

यह भी कैसी विडम्बना थी कि जो मोहनलाल प्लासी की लड़ाई में लॉर्ड क्लाइव की अंग्रेज़ फौज से लड़ते हुए धोखे से मारा गया, उसी की बेटी चोखी, भाग्य के फेर से अंग्रेज़ गवर्नर जनरल के बंगले में दासी के रूप में पहुँच गयी थी और स्वयं जनरल के साथ गोप-गोपी की रास लीला कर रही थी। यह किसकी जीत थी, कम्पनी की या बंगाल की? हेस्टिंग्स की या चोखी की? कोई नहीं जानता।

सम्भवतः यह भी इस लीला भूमि की एक और लीला थी, जिसमें एक अंग्रेज़ गवर्नर जनरल सूती चीथड़े पहनकर, ग्वाला या गड़रिया बना हुआ, कमर में बाँसुरी खोंसे एक साँवली नेटिव लड़की के आगे-पीछे घूमता रहता था।

"ये बंगाले का जादू तूने कहाँ से सीखा, चोखी? तेरा बाप नट बाजीगर था। उसी ने सिखाया होगा। तूने लाट गवर्नर को भी फाँसकर बैल बना डाला।" अब्दुल कादिर चोखी से कह रहा था।

"खी...खी...खी..." करती हुई चोखी हँस रही थी और कबाब खा रही थी।

उस मस्त अल्हड़ लड़की को इस बात की कोई फिक्र नहीं थी कि लोग उसके बारे में क्या कहते हैं। वह तो इसी बात पर खुश थी कि कहाँ उसे कभी भरपेट खाना नहीं मिलता था, ढोल की थाप पर बाँस की कैंचियों में बँधी रस्सी पर सन्तुलन बनाते हुए चलना पड़ता था और इकले बाँस से पुआल के गट्ठर पर छलाँग लगानी पड़ती थी और कहाँ अब उसे खाने के लिए तरह-तरह की चीज़ें, पहनने के लिए एक से एक बेशकीमती विलायती कपड़े, नहाने के लिए खुशबूदार साबुन और सजने-सँवरने के लिए गहने-जेवरात, क्रीम-पाउडर, टीका-बिन्दी, चूड़ी, सैंडिल मिल रहे थे।

चोखी अपनी किस्मत पर इतरा रही थी, लेकिन धीरे-धीरे एक तरह की गम्भीरता उसके भीतर पैदा हो रही थी।

वजह यह थी कि चोखी सचमुच वारेन हेस्टिंग्स को धीरे-धीरे 'अपना आदमी' मानने लगी थी। वह जानती थी कि वह कभी इस अंग्रेज़ लाट गवर्नर की बीवी नहीं बन पायेगी, लेकिन आखिर राधा भी कौन कृष्ण की ब्याहता थी।

एक बार चोखी से मिलने उसकी माँ यानी विधवा नटनी आयी। उसने उससे कहा—"मैंने सब सुन रखा है। तू ख़ुश रह बेटी। इसमें कोई बुराई नहीं, क्योंकि नटनी को कभी कोई मर्द नहीं भोगता। नटनी को यह वरदान मिला है कि वही दुनिया के कामी मरदों का भोग करेगी और धरती का ताप हरेगी। ये वरदान नटवर नागर का है, जिसने दही के मटके को फोड़कर उसकी माटी से दुनिया की पहली नटनी को बनाया और सबसे पहले उससे रास किया।"

चोखी अपनी प्यारी-सी माँ की बातें ध्यान से सुन रही थी।

"लेकिन बेटी तू घुंघची भीतर ले लिया करना। याद रख, नटनी की कोख से नट का ही बीज पैदा होता है। तुझे अपने गर्भ से किसी फिरंगी को नहीं पैदा करना। सेंदुर या नीला थोथा खा लेना चोखी, लेकिन ऐसा न करना।"

चोखी माँ की बात सुनकर काँप गयी।

उन दिनों जब चोखी और वारेन हेस्टिंग्स का खेल उन्माद और वासना के तमाम अनदेखे शिखरों और कन्दराओं की मादक और स्वप्न-भरी यात्राओं से गुजर रहा था, वारेन हेस्टिंग्स ने इंग्लैंड से ओजियास हम्फ्री और जॉन थॉमस सेटन नाम के कलाकारों को हिन्दुस्तान बुलाया। ओजियास हम्फ्री ने अकबरकालीन मुगल शैली की नकल में वारेन हेस्टिंग्स और चोखी के कई बहुत उत्कृष्ट मिनियेचर बनाये। इनमें वारेन हेस्टिंग्स और चोखी को कृष्ण और राधा या गोप और गोपिका के रूप में अभिसार या रति क्रीड़ा में निमग्न दिखाया गया था। इन चित्रों में दोनों की देह मुद्राएँ गुप्तकाल के प्रसिद्ध ग्रन्थ 'कामसूत्र' पर आधारित थीं। जॉन थॉमस ने भी दोनों के तीन चित्र कम्पनी शैली या पटना कलम के आधार पर बनाये, जिनमें चोखी और हेस्टिंग्स को आलिंगनबद्ध दिखाया गया था। दूसरे चित्र में हेस्टिंग्स को यूनानी मिथक के पात्र 'हर्मीज' के रूप में चित्रित किया गया था, जो कछुए से 'लायर' नामक वाद्ययन्त्र बनाकर अपनी प्रेमिका चोखी से प्रणय निवेदन कर रहा है। 'हर्मीज' कृष्ण का ही यूनानी रूप था।

वे चित्र कहाँ चले गये, कोई नहीं जानता। क्योंकि न वे कहीं प्रकाशित हैं, न किसी संग्रहालय में संगृहीत हैं। भारतीय या यूरोपीय कला के इतिहास की किसी पुस्तक में भी उसका कोई उल्लेख नहीं मिलता।

उस रात बुंतू ने बहुत शराब पी ली और एकतारा बजा-बजाकर लगातार गाता और रोता रहा। जब वारेन हेस्टिंग्स उसके पास आया तो उसने कहा—"लाख का घोड़ा और मोम का सवार, दोनों को दह-दह दहकते आग में से ले जाना है। वासना की बारूद और प्रीत की आग। तोप से भी बड़ा धमाका होगा रे। दोनों में कौन बचेगा? लाख का घोड़ा कि मोम का सवार...?"

बुंतू की आँखें उसी तरह जल रही थीं जैसी मथुरा के निकट, यमुना के तट पर, उस रात गंजेड़ी साधु आनन्द मुरारी की जल रही थीं। उसने एक अजीब-सी आवाज़ में वारेन हेस्टिंग्स से कहा—"फिरंग सखा सावधान, वह लड़की जिसे तुम सिर्फ़ कनेर की टहनी या रेत की ढूह मानते हो, या वृन्दावन की किसी दीवार का चित्र या किसी कथा का कोई पात्र, वह हाड़ मांस की लड़की चोखी, तुमसे प्यार करने लगी है।"

वारेन हेस्टिंग्स को लगा जैसे किसी ने उसकी कनपटी पर लोहे का हथौड़ा मार दिया हो।

उन्हीं दिनों जब वारेन हेस्टिंग्स चोखी के साथ फैंटेसी की एक मादक दुनिया में केलि कर रहा था, उसने हिन्दुस्तान के बारे में एक और तथ्य जाना, जिससे उसके अब तक के आश्चर्यों में एक और कड़ी जुड़ गयी।

वह इतना आश्चर्यचकित हुआ कि इस आश्चर्य ने जिन्दगी भर उसका पीछा नहीं छोड़ा। यही वह आश्चर्य था, जिसे समझने के लिए उसने 'श्रीमद्भागवत् गीता' पढ़ना शुरू किया और हिन्दू धर्म से इतना प्रभावित हुआ कि पीताम्बर और धोती ही नहीं, लगभग छह महीने तक उसने बाकायदा रात में तिलक और चन्दन तक लगाया। जॉन थॉमस के वे चित्र, जो अब दुनिया में कहीं मौजूद नहीं हैं, उनमें से एक चित्र में हेस्टिंग्स बाकायदा माला, तिलक, बाँसुरी और चोटी में गोपिका के साथ रतिमग्न है। पृष्ठभूमि में एक गाय खड़ी है, जो वात्सल्य भाव से चोखी और हेस्टिंग्स की कामक्रीड़ा को अपलक निहार रही है।

यही वह आश्चर्य था, जिसकी वजह से वारेन हेस्टिंग्स अक्सर कहा करता था कि हिन्दुत्व एक ऐसा धर्मदर्शन है, जिसकी करुणा का सार ईसाइयत की मूल भावना को प्रमाणित करता है। जिसने भी इतिहास पढ़ा है वह यह जानता है कि वारेन हेस्टिंग्स ने गवर्नर जनरल बनने के बाद इंग्लैंड से सर विलियम जोन्स, सर चार्ल्स विल्किंस, नाथेनियल हालहेड और कोल ब्रुक जैसे विद्वानों को भारत बुलाया और उनसे कहा कि इस देश की विद्या और दर्शन के छुपे हुए अनमोल और विलक्षण खजाने को वे दुनिया के सामने लाएँ।

यह हर कोई जानता है कि विल्किंस ने उसी के कहने पर वर्षों परिश्रम करके भगवत्‌गीता का अंग्रेज़ी में अनुवाद किया, जिसकी भूमिका स्वयं वारेन हेस्टिंग्स ने लिखी।

तो जिस बात से वारेन हेस्टिंग्स आश्चर्यचकित हुआ, वह था, हिन्दुस्तानी गाय-बैलों का स्वभाव और उनका यहाँ के लोगों के साथ सम्बन्ध।

उसने देखा था कि सैकड़ों की संख्या में खड़ी गाय-बैलों के झुंड के सामने अगर कोई ग्वाला या किसान, 'धौरी' या 'श्यामा' का नाम लेकर पुकारता था तो उस झुंड में से सिर्फ़ वही गाय दौड़ती हुई आती थी, जिसका नाम 'धौरी' या 'श्यामा' होता था।

"ओह माइ गॉड, इट सीम्स दे हैव देयर प्रॉपरनाउन्स!" वारेन हेस्टिंग्स भौचक्का रह गया था। मनुष्यों की तरह उनके व्यक्तिवाचक नाम थे और आश्चर्य यह कि वे अपने नाम को जानते भी थे।

वे गाँवों में रहनेवाले लोगों के परिवार का एक सदस्य थे। गायें वहाँ आँगन में बँधी होती थीं। बछड़े घर के बच्चों के साथ खेलते-झगड़ते थे। उनमें बाकायदा रूठना-मनाना, छेड़-छाड़ और शरारतें हुआ करती थीं।

ये गायें सब समझती थीं। उसने सुना कि घर में कोई बीमार होता था तो गाय खाना छोड़ देती थी और उपवास करती थी। किसी की मृत्यु या कोई दुर्घटना हो जाये तो परिवार के लोगों के साथ गायें जार-जार आँसू बहाकर रोती थीं।

गरीबी या अकाल में वे खाना नहीं माँगती थीं। सबके साथ बराबर भूखी रहती थीं। बैलगाड़ी में बैठा किसान रात में सो जाता था, लेकिन बैल जंगल और कस्बों में से सही रास्ता खोजते हुए, उसे घर तक पहुँचा देते थे।

किसी गरीब परिवार में अगर किसी बच्चे की माँ के स्तनों में दूध नहीं उतरता था, तो गायें अपने बछड़े को आधा पेट रखकर, उस बच्चे के लिए अपना दूध देती थीं।

वे सब समझती थीं। सब जानती थीं। उनकी स्मृतियाँ होती थीं। उनके आँसू बहते थे। बस, सिर्फ़ वे बोल नहीं पाती थीं। लेकिन उनका रंभाना, उनकी भाषा की असमर्थता और लाचारी को बहुत कारुणिक तरीके से व्यक्त करता था।

वारेन हेस्टिंग्स की समझ में आ गया कि आखिर क्यों हिन्दू लोग ही नहीं, यहाँ रहनेवाले ज्यादातर मुसलमान भी बीफ़ नहीं खाते। उसे उन ग्रन्थों पर विश्वास होने लगा, जिनमें कहा गया था कि सिर्फ़ यह प्रारब्ध है, जो किसी को मूक पशु बनाये हुए है। उन्हें अगर भाषा मिल जाये, तो वे बातचीत करने लगेंगे हमारी तरह।

वारेन हेस्टिंग्स ने स्वयं भी इन हिन्दुस्तानी गाय-बैलों के साथ दोस्ती की। उन्हें अपने बंगले के अहाते में पाला।

उसने इंग्लैंड के अपने एक गहरे दोस्त मिस्टर इमहॉफ को एक पत्र लिखा :

"मुझे यकीन होता जा रहा है कि वे जानवर नहीं, गूँगे मनुष्य हैं जिनका शरीर कुछ अलग प्रकार का है। मैं उन्हें बुलाता हूँ तो गायें प्यार से भरकर मेरी ओर दौड़ती चली आती हैं। वे मुझे चाटती हैं। मैं उन्हें सहलाता हूँ तो सुख से उनकी आँखें मुँद जाती हैं।

उस कम्पनी के काम से मैं कहीं बाहर दौरे पर जाता हूँ तो बंगले में चोखी के अलावा वही सबसे ज्यादा बेचैनी से मेरा इन्तजार करती हैं।

मेरे दोस्त, मुझे इन गाय-बैलों ने हिन्दू बना डाला है। मैंने देखा है कि इन प्राणियों में, जिन्हें हम यूरोप में 'कैटल' कहते हैं, हमसे कहीं ज्यादा विकसित और गहरी नैतिक भावना है। वे आदर्शों और सिद्धान्तों पर ज़्यादा अमल करते हैं।

मेरे प्यारे दोस्त, जब मैं तुम्हें यह पत्र लिख रहा हूँ तब विल्किस हिन्दुओं के एक विलक्षण ग्रन्थ 'भगवद्‌गीता का संस्कृत से अंग्रेज़ी में अनुवाद कर रहा है। विलियम जोंस बंगाल में एशियाटिक सोसाइटी बनाने में ज़ोर-शोर से लगा हुआ है। हालहेड वर्नाक्युलर भाषा में प्रिंटिंग प्रेस लगा रहा है।

और मैं बाँसुरी बजाना सीख रहा हूँ। और गायों की पूजा करने लगा हूँ। जिस कमरे में मैं सोता हूँ, उसे चोखी नाम की लड़की गोबर से लीपती है। चोखी कौन है, यह मैं बाद में लिखूँगा।

तुम्हारा सदैव
वारेन हेस्टिंग्स

पुनश्च :

और हाँ, तुम्हें यह जानकर ताज्जुब होगा कि अभी तक इस देश का कोई भौगोलिक नक्शा ही मौजूद नहीं था। इण्डिया या हिन्दुस्तान मौजूद तो था, लेकिन बिना नक्शे का। तुम्हें यह जानकर खुशी होगी कि ईस्ट इण्डिया कम्पनी के बोर्ड ऑफ डायरेक्टर्स की मर्जी के मुताबिक मैंने कैप्टन जेम्स रेनेल को बंगाल और बिहार का सर्वेक्षण करके इस इलाके का नक्शा तैयार करने का काम सौंपा था।

रेनेल कमाल का आदमी है। उसने बंगाल और बिहार ही नहीं, पूरे हिन्दुस्तान का पहला नक्शा तैयार कर डाला है।

अब हम लोग इण्डिया पर राज कर सकते हैं। क्योंकि इसका नक्शा हमारे कब्जे में है।"

वारेन हेस्टिंग्स

उस रात वारेन हेस्टिंग्स ने बेला, मोगरा, जुही और चम्पा के फूलों और गजरों से चोखी को सजाया। उसकी वेणियाँ उसी तरह से गूँथीं, जैसी वृन्दावन की दीवार के उस चित्र में राधा की वेणी थी। चोखी की त्रिबली, बाँहों और स्तनों पर उसने चन्दन, गेरू और पलाश के रंगों से बेल-बूटे और नन्हे-नन्हे मोटिफ बनाये। कार्नेलिया, पुखराज, नीलम और मोतियों की मालाएँ और बाजूबन्द पहनाये। चाँदी की पाजेब और लड़ियोंवाला कमरबन्द। कपूर और घी की कालिख से बनाया गया काजल और चन्दन के चूर्ण का लेप।

वह एक अलौकिक रात थी। दशमी का चन्द्रमा केले के पत्तों के ऊपर झाँक रहा था। रजनीगन्धा की महक हवा में घुल गयी थी।

बुंतू दूर एकतारा बजाकर गा रहा था :

'हो...हो...हो
वसन हरइतें लाज दुर गेल
पियक कलेवर अंबर भेल
पीन पयोधर पुरहर भेल
करस झपन नव पल्लव देल...'

सिर्फ़ एक कमल की पंखुड़ी थी, जो एक बारीक रेशम के धागे से कमरबन्द की लड़ियों से बँधी हुई चोखी की दोनों जंघाओं के बीच लटक रही थी। वारेन हेस्टिंग्स ने उसे हटाने के लिए हाथ बढ़ाया, तो चोखी ने उसकी कलाई पकड़ ली।

वारेन हेस्टिंग्स चौंक गया। ऐसा पहले कभी नहीं हुआ था।

"सुनो मालिक, सच-सच बोलना। झूठ वचन की आड़ न लेना...।" चोखी उस चाँदनी रात में उसे घूरती हुई पूछ रही थी। उसकी आँखें जैसे अचानक जीवित होकर चमक रही थीं।

"क्या ये बात सच है कि तुमने हमारे मुलुक का कोई नक्शा कागज पर बनवाया है?"

वारेन हेस्टिंग्स को हँसी आ गयी। "अरे, तो इसमें ऐसी क्या बात है, चोखी! ये तो जरूरी था।"

चोखी उठकर खड़ी हो गयी—"ये ठीक नहीं हुआ। सोचो, जो काम तुमने किया, क्या वो पहले कोई और नहीं कर सकता था? सोचो, किसी ने ऐसा क्यों नहीं किया?"

"चल, अच्छा, तू ही बता दे कि ऐसा क्यों नहीं किया...?" वारेन हेस्टिंग्स ने उसे अपनी ओर खींचा।

"दूर हट साहब!" चोखी की आवाज़ बदल गयी थी—"किसी ने ऐसा इसलिए नहीं किया, क्योंकि कोई इस मुलुक को मिटाना नहीं चाहता था। हमारे यहाँ जिसको मारना होता है, उसका बेसन का पुतला बनाकर उसे तलवार से काटते हैं। जैसे-जैसे पुतला कटता जाता है, वह आदमी जिसका प्रतिरूप यह पुतला होता है, वह भी कटता जाता है। फिर पुतले को आग में डाल देते हैं। भसम कुण्ड में।"

चोखी थर-थर काँप रही थी। उसने पता नहीं कहाँ से, छुपा हुआ खंजर निकाला। "देख, मैं ये तुझे मारने के लिए लायी थी।" वह रो रही थी, "इसलिए नहीं मार सकती कि तुझे मैंने अपना मरद मान लिया है। मैंने तुझे भोगा है, खूब भोगा है। छककर तेरे रस की बियारी की है। मैं चाहूँ तो बेसन का पुतला बनाकर उच्चाटन और मारनमंतर से तुझे मार सकती हूँ। लेकिन तू जिन्दा रह, साहब।"

चोखी उससे खिसककर दूर खड़ी हो गयी—"बुंतू को, अब्दुल कादिर को, मेरे को, सबको पता है कि तुम फिरंग लोग उस कागज पर घोड़ा दौड़ाएगा, उसको बन्दूक से मारेगा, उसको पिंजरे में डालेगा, उसको चूस-चूसकर खाएगा और जब तुम लोग यहाँ से जायेगा तो वो नक्शा किसी अपने गुलाम को सौंप जायेगा।"

वारेन हेस्टिंग्स के शरीर के रोयें भय के मारे खड़े होने लगे थे। चोखी राधा नहीं थी। वह शेर पर बैठी वह दूसरी औरत थी, जिसके हाथ में किसी डरावने पुरुष का कटा हुआ सिर होता था और जिसके चित्र और मूर्तियाँ वह अक्सर देखता रहता था।

"सुन साहब! मैं समझती थी सब कुछ। जब तू उस अंग्रेज़ से मेरी तस्वीर बनवाता था, तब भी मेरे भीतर से कोई आवाज़ आती थी कि ऐसा तू यों कर रहा है कि तू मुझे मिटाना चाहता है। जब तूने अपने नसल की गोरी फिरंगन से शादी कर ली तो मेरा शक पक्का हो गया।...तू जैसे अपने नसल में लौटा है, वैसे ही अपने वतन को भी लौटेगा। तू यहाँ का नहीं है रे। तू फिरंग है, फिरंग।"

चोखी ने चीखते हुए कहा—"देख इस खंजर से कौन मर रहा है? मर रहा है तेरा बीज, जो मेरे पेट में है। उस रात मैं घुंघची डालना भूल गयी और ये आ गया।"

वारेन हेस्टिंग्स ने काँपते हुए गहरे सदमे की हालत में देखा कि चोखी ने खंजर अपने पेट में भोंक लिया। दशमी का चन्द्रमा खून के फव्वारे से नहा उठा। एक अमानवीय चीख पैदा हुई। फिर सब कुछ शान्त हो गया। वारेन हेस्टिंग्स चोखी को उठाने के लिए आगे बढ़ा तो उसने पाया कि वहाँ कुछ भी नहीं है। सिर्फ़ कनेर की टहनियाँ हैं, जो चाँदनी रात के धुँधलके में, किसी अज्ञात हवा के स्पर्श से धीरे-धीरे हिल रही हैं।

इतिहास में बंगाल के नवाब सिराजुद्दौला के वफादार सिपहसालार मोहनलाल की बेटी चोखी अब सिर्फ़ जॉन जोफेनी द्वारा बनाये गये उस चित्र में मौजूद है, जो कलकत्ते के विक्टोरिया मेमोरियल में संगृहीत है।

वह वारेन हेस्टिंग्स की पत्नी के पीछे खड़ी है और उसके हाथ में उसका हैट है।

कहावत है कि "पुरुष बली नहीं होत है, समय होत बलवान।" तो, हर कथा के अन्त में समय ही बचता है और इसीलिए हर कथा समय की ही कथा होती है। तो, वारेन हेस्टिंग्स के साथ भी ऐसा ही हुआ।

समय गुजरने के साथ-साथ वह गंजा, बूढ़ा और मामूली फिरंग बनता चला गया। चोखी के न रहने से उसके स्वप्नों की दुनिया का अन्त हो गया। जीवन में कोई फैंटेसी न रही।

और जब किसी मनुष्य के पास स्वप्न न रह जायें, फैंटेसी न रहे और मिथक नष्ट हो जायें तो वह घनघोर व्यावहारिक, यथार्थवादी आदमी के रूप में बचा रह जाता है।

स्मृतिहीन, अध्यात्मवंचित, स्वप्नशून्य, आदर्श विरत, सपाट, चौकोर, दुनियादार, तिकड़मी, घटिया आदमी।

वैसे, ठीक यही बात समाज और समुदायों पर भी लागू होती है।

गीता में अर्जुन कृष्ण से कहता है–

'अहो वत महत्पापं कर्तं व्यवसिता वयम्।
यद्राज्यसुखलोभेन हंतुं स्वजनमुद्यताः॥'

अहो, कैसा आश्चर्य है कि सत्ता सुख के लोभ में हम अपने ही लोगों की हत्याएँ करने के घृणित पाप कर्म में तत्पर हो रहे हैं!

लेकिन यह भी नियम है कि सत्ता भ्रष्ट करती ही है। खासतौर पर वह सत्ता, जिसमें कोई महान स्वप्न, फैंटेसी, यूटोपिया, मिथक या कोई विराट् दर्शन न जुड़ा हो।

वारेन हेस्टिंग्स जैसे-जैसे बूढ़ा और गंजा होता जा रहा था, जैसे-जैसे उसके शरीर की इन्द्रियाँ शिथिल और निर्बल होती जा रही थीं, जैसे-जैसे उसका मस्तिष्क स्वप्नों और विचारों के संसार में संचरण करने के अयोग्य होता जा रहा था, वह लोभ, लालच, षड्यन्त्र और कामुकता तथा लालसाओं के दुर्निवार जंजाल में घिरता चला जा रहा था।

वारेन हेस्टिंग्स की पत्नी उस इंग्लैंड से आयी थी, जहाँ औद्योगिक क्रान्ति हो चुकी थी। वहाँ टेक्नालॉजी और विज्ञान के विकास ने कारखानों और मशीनों का एक ऐसा नया युग पैदा कर दिया था, जिनके उत्पादों की खपत के लिए नये-नये बाजारों की खोज जरूरी थी। वहाँ का अटलांटिक सागर व्यापारियों, उत्पादनों और फौजियों से लदे जहाजों से अँटा पड़ा था।

वाणिज्य क्रान्ति ने बीमा, शेयर बाजार, बैंक प्रणाली और स्टॉक एक्सचेंज को जितना विकसित कर डाला था, उसके लिए यूरोप बहुत छोटा पड़ रहा था।

वहाँ ऐसी पूँजी पैदा हो गयी थी, जिसे सारी दुनिया का साम्राज्य चाहिए। इतना बड़ा साम्राज्य जिसमें कभी सूरज न डूबे।

वारेन हेस्टिंग्स की पत्नी उसी इंग्लैंड से आयी थी, और वह उसी जाति की थी, जो सारी दुनिया को अपना बाजार, फिर अपना साम्राज्य बना लेना चाहती थी। वह कैसे बर्दाश्त करती कि उसका पति, जिसे ईस्ट इण्डिया कम्पनी के डायरेक्टर्स ने भी इतना योग्य माना था कि उसे हिन्दुस्तान का गवर्नर जनरल बना दिया था, वह इन काले-कलूटे, टेढ़े-मेढ़े, अर्द्ध ऐतिहासिक किस्म के नेटिवों के जादू में फँसकर चीथड़े पहन ले, नटिनियों और बेड़िनियों के पीछे भटकता फिरे, गाय-बैल चराये और किसी अधपगले नचकारिया की तरह बगीचे में आधी रात बाँसुरी बजाये।

हद है। इसे ठीक करना होगा। उसकी पत्नी ने फैसला किया।

उसने उसका टाइम टेबल बनाया। ब्रश, नाश्ता, लंच, डिनर और बेड में जाने का निश्चित क्रम निर्धारित किया। उसके मनोरंजन और मनबहलाव के लिए श्रेष्ठ यूरोपीय या हिन्दुस्तानी नवाबों और राजाओं के दरबारों के कुशल कलाकारों के कार्यक्रम करवाने शुरू किये।

उसने वारेन हेस्टिंग्स को समझाया कि तुम जिस जाति और जिस देश के हो, वह एक विजेता देश है। वह भविष्य का देश है। तुम इस

निहायत पिछड़े, आदिम, साँपों-मच्छरों और जंगली जानवरों से भरे, धूल और गर्मी से गंधाते गंदे देश के अन्धविश्वासों और जादू-टोनों की अँधेरी गुफा में क्यों भटकते हो?

वारेन हेस्टिंग्स से उसकी पत्नी ने कहा—"तुम्हें शर्म आनी चाहिए। इंग्लैंड से यहाँ आनेवाले कम्पनी के छोटे-मोटे कर्मचारी, लौंडे-लपाड़ी और लंपट-उचक्के तक यहाँ से लाखों-करोड़ों की कमाई करके चले जाते हैं और तुम यहाँ भ्रष्टाचार हटाने, गो-हत्या बन्द कराने, अकाल पीड़ितों की मदद के लिए ग्रेन गोला बनवाने जैसे बेहूदा और फालतू कामों में लगे हुए हो। क्या जरूरत है तुम्हें वर्नाक्युलर प्रेस की? बूढ़े हो रहे हो, मर जाओगे, कंगाल के कंगाल। मैं जब इंग्लैंड लौटूँगी तो वहाँ किसी को क्या मुँह दिखाऊँगी? तुम्हें पता है वहाँ का जीवन-स्तर कितना ऊपर उठ गया है? हर ऐरे गैरे के पास बंगला-कोठी और बग्घी है। नौकर-चाकर हैं। लाखों बैंक में जमा हैं। अब भी वक्त है, होश में आ जाओ।"

यह तो इतिहास भी बताता है कि वारेन हेस्टिंग्स ने क्या-क्या कारनामे यहाँ किये। एक तरफ़ वह हिन्दुत्व की बात करता था, दूसरी तरफ़ रिश्वत, कमीशन और भ्रष्टाचार से तिजोरी भरता था। उसने अवध के नवाब से दस लाख रुपये घूस में वसूले, बनारस के राजा चैत सिंह से उसने इतने रुपये घूस और जुर्माने में वसूल किये कि वह डर के मारे बनारस छोड़कर भाग गया। एक तरफ़ वह गीता और पुराणों का अनुवाद करवाता था, अरबी-फारसी और बंगला बोलकर अपने विद्वान होने की धाक जमाता था, दूसरी तरफ़ उसने अपनी फौज भेजकर निर्दोष रुहेलों का संहार करवाया। सैकड़ों रुहेल औरतें उसकी फौज द्वारा बलात्कार की शिकार हुईं। छोटे-छोटे बच्चों तक को मार डाला गया।

बंगाल के एक सीधे-सादे ब्राह्मण नन्दकुमार ने जब वारेन हेस्टिंग्स द्वारा मीर जाफर की विधवा बेगम से साढ़े तीन लाख रुपये के घूस लेने के प्रामाणिक दस्तावेज़ ईस्ट इण्डिया कम्पनी के उच्च अधिकारियों

के सामने प्रस्तुत करते हुए आरोप लगाया तो उसने नन्दकुमार को जालसाजी के झूठे मुकदमे में फँसाकर उसे फाँसी पर लटका दिया।

वारेन हेस्टिंग्स ने अदालतों में अपने भरोसे के जज नियुक्त किये और उनसे मनचाहे फैसले करवाये। इंपे नाम का जज मशहूर था, जिसने निर्दोष ब्राह्मण नन्दकुमार को फाँसी की सजा सुनायी।

वारेन हेस्टिंग्स एक ऐसा गवर्नर जनरल था, जिसने अपने सभी अधिकारों और अपने अधीन सभी संस्थाओं का अनैतिक, मर्यादाहीन और मनचाहा दुरुपयोग किया। उसने कोर्ट ऑफ प्रोपाइटर्स और कोर्ट ऑफ डायरेक्टर्स के लोगों और उनके भाई-भतीजों पर लगातार अपनी भ्रष्ट अनुकम्पा की। हिन्दुस्तान के प्रमुख प्रशासनिक पदों पर उसने अपने चापलूसों और चमचों की भरती की।

कहने की जरूरत नहीं कि वारेन हेस्टिंग्स के भीतर वह 'सत्ताधारी', 'व्यावहारिक' और 'कुशल प्रशासक' पैदा हो गया था, जिसकी क्रूरता और बर्बरता की मिसाल 1769-70 के महा-अकाल के दौरान कायम हुई। इस अकाल में बिहार और बंगाल की एक तिहाई आबादी मौत के मुँह में समा गयी। एक करोड़ से ज्यादा लोग मरे। जून के महीने में कम्पनी के अफसरों तक ने वारेन हेस्टिंग्स को रिपोर्ट दी कि यह

दुर्भिक्ष इतना भयावह है कि लोग औरतों और बच्चों को बेच रहे हैं और पेट भरने के लिए मुर्दों को खा रहे हैं। मार्च के महीने में चेचक और दूसरी महामारियाँ फैलीं। डब्लू. डब्लू. हंटर ने लिखा कि भूख से मरने वालों की इतनी लाशें चारों ओर फैली हैं कि कौए, गिद्ध, कुत्ते और सियार तक उन्हें नहीं खा पा रहे हैं।

लेकिन हिन्दुस्तान के गवर्नर जनरल वारेन हेस्टिंग्स ने उस दौरान भी लगान और दूसरे करों की जमकर वसूली करवाई। उसके कर्मचारियों ने भूख और गरीबी से मरते किसानों से ही नहीं, हिजड़ों और रंडियों तक से पैसे वसूले। वारेन हेस्टिंग्स ने बहुत गर्व और प्रसन्नता के साथ कोर्ट ऑफ डायरेक्टर्स को सूचित किया कि "हमारे कुशल प्रशासन की बदौलत इस साल जनता से करों की वसूली पिछले सभी सालों से कई गुना ज्यादा हुई है।"

उसके बपचन के सखा बुंतू और प्यारे खानसामे अब्दुल कादिर के चेहरे भय और विस्मय से पीले पड़ चुके थे। बुंतू ने बाउल गीत गाना बन्द कर दिया था और अब्दुल कादिर कबाब या दमपुख्त बनाते हुए अक्सर अपने हाथ जला लेता था।

वारेन हेस्टिंग्स ने बुंतू और अब्दुल कादिर ही नहीं, अपने तमाम परिचितों और 'भरोसेमंद' लोगों के नाम जगह-जगह बेनामी प्लॉट खरीद रखे थे। इन्हीं नामों की आड़ में वह अफीम का व्यापार भी करता था।

एक दिन बुंतू ने अब्दुल कादिर से कहा—"हम अब गुलाम हो गये हैं कादिर।" और उसने अपना एकतारा उसी तंदूर में झोंक दिया, जिसमें गवर्नर जनरल के लिए कबाब बनता था।

और ठीक उसी दिन वारेन हेस्टिंग्स पर उसके भ्रष्ट, अन्यायपूर्ण और निरंकुश कारनामों को लेकर इंग्लैंड में महा-अभियोग का मुकदमा कायम किया गया।

•

इंग्लैंड के एक कलाप्रेमी के निजी संग्रह में बर्कशायर के उस बंगले का चित्र है, जिसमें हिन्दुस्तान से लौटने के बाद वारेन हेस्टिंग्स अपनी पत्नी के साथ किराये पर रहता था। इस बंगले को 'प्योरली हॉल' कहते थे।

इसमें वह उस दौरान रहा जब उस पर महाभियोग (इम्पीचमेंट) का मुकदमा चलता था।

यह चित्र किस कलाकार ने बनाया है, इसका पता नहीं चला।

चित्र में बंगले के सामने एक लॉन है, जिसमें दो ऊनवाली भेंड़ें दिखायी देती हैं। बीच में एक यूनानी शिल्पकृति है। चित्र के दाहिने फ्रेम के कोने में एक ब्राह्मणी नस्ल की गाय और एक बैल है। बैल बैठा हुआ है जबकि गाय खड़ी हुई है।

चित्र के बीचोबीच एक अंग्रेज़ साईस अपने सफ़ेद कुत्ते के साथ एक शानदार काले घोड़े की लगाम पकड़े उसे कहीं लिए जा रहा है। आप गौर से देखें तो लगने लगेगा कि वह घोड़ा आगे बढ़ने से इनकार कर रहा है, उसने अपनी गर्दन मोड़ ली है और वह लगभग अकड़ गया है।

साईस के साथ विलायती कुत्ता ज़ोरों से गुर्राता और भौंकता हुआ चित्र के बाएँ फ्रेम की ओर झपट्टा मार रहा है।

और चित्र के बाएँ कोने में, लकड़ी के मज़बूत बाड़े में क़ैद, लोहे की जंज़ीरों से जकड़ा एक रहस्यमय आकृति का काला, सफ़ेद चित्ती और ऊँची डीलवाला साँड़ दिखाई दे रहा है। गुस्से में यह डरावना, रहस्यमय साँड़ अहाते की दीवार की ओर अपनी सींगों को ताने हुए खड़ा है।

आप अगर उस अज्ञात चित्रकार द्वारा बनाये गये 'प्योरली हॉल' बंगले के इस चित्र को देर तक देखें तो आपके शरीर के भीतर भय और उत्सुकता की एक अजीब-सी सुरसुरी पैदा होने लगेगी।

आपकी आँखें चित्र के बाएँ निचले कोने से एक पल को भी नहीं हटेंगी। वे वहीं जड़ हो जायेंगी, जहाँ लोहे की मोटी जंज़ीरों, साँकलों और काठ की मज़बूत बाड़ेबन्दी के भीतर एक रहस्यमय, उन्मत्त और क्रोध में बिफरता हुआ साँड़ क़ैद है।

इसी साँड़ को देखकर ब्रिटेन का यह शानदार शाही काला घोड़ा डरकर अड़ गया है। कुत्ता उछलता हुआ, लेकिन डरा हुआ भौंक रहा है।

और चित्र के दाहिने फ्रेम के निचले कोने से ब्राह्मणी गाय और बैल बहुत आशा, याचना और करुणा भरी आँखों से उस साँड़ को निहार रहे हैं।

इस साँड़ को वारेन हेस्टिंग्स के लिए सैम्युएल टर्नर ने तब भेजा था जब वह तिब्बत की यात्रा पर गया था। वहाँ से लामाओं से उसने कई रहस्यपूर्ण पाण्डुलिपियाँ हासिल की थीं।

लेकिन सैम्युएल टर्नर तिब्बत के लामाओं के बीच रहते-रहते मिरगी और सन्निपात का मरीज हो गया था। उसे रात में डरावने सपने आते थे। हिमालय की सफ़ेद और नीली चोटियों की ओर से, बर्फ और बादलों को हटाता एक काला साँड़ उसे अपनी ओर दौड़ता दिखाई देता था।

जब वह साँड़ टर्नर की ओर स्वप्न में दौड़ता तो उसके नथुनों से नीली अग्नि निकलने लगती। ऐसी आग, जो असंख्य जहरीले साँपों के विष से भरी हुई हो। टर्नर को लगने लगा कि वह कभी तिब्बत से वापस नहीं लौट पायेगा। यहीं कहीं बर्फ में वह हमेशा के लिए दफन हो जायेगा। लेकिन उसे लगता था कि उसके मरने के बाद भी, उसकी मृत्यु के भीतर वह डरावना साँड़ उसी तरह दौड़ता रहेगा, जैसा वह उसके स्वप्न के भीतर दौड़ता है।

वह तिब्बत के एक बौद्ध मठ में सबसे बूढ़े लामा से मिला। लामा सब कुछ पहले से जानता था। वह सूर्य की रोशनी में चमकती अपनी गंजी खोपड़ी हिलाता हुआ झुर्रियों में मुस्कुराता रहा। अन्त में उसने कहा—"वह नन्दी है। हिन्दुओं के देवता पशुपति का वृषभ। डरने की कोई बात नहीं। बस तुम तिब्बत से वापस लौट जाओ। वह तुम्हें यहाँ नहीं देखना चाहता।"

सैम्युएल टर्नर जब लौट रहा था तब तिब्बत के उस बूढ़े लामा ने उसे यही साँड़ दिया था और कहा था, "इसे ले जाओ और इसकी सेवा करो। तुम ठीक हो जाओगे।"

सैम्युएल टर्नर लौट आया लेकिन उसकी जिन्दगी इतनी भटकावों और यात्राओं से भरी हुई थी कि वह इस साँड़ की सेवा कैसे करता। टर्नर को पता था कि गवर्नर जनरल वारेन हेस्टिंग्स हिन्दुस्तानी गाय-बैलों का दीवाना है, इसलिए उसने यह सोचकर कि तिब्बत के इस याक की देखभाल वारेन हेस्टिंग्स के बंगले में अच्छी तरह होगी, उसने उसे वहाँ भेज दिया।

रात में वारेन हेस्टिंग्स गायों के बाड़े में जाकर खड़ा हो जाता। गायें उसे देखतीं। भ्रष्टाचार, षड्यन्त्र, क्रूरता और पापों के दलदल में लिथड़ा हुआ वारेन हेस्टिंग्स अब पहले का वारेन हेस्टिंग्स नहीं रह गया था।

हिन्दू धर्म और इस्लाम के बारे में उसका ज्ञान अब सिर्फ़ उसकी स्मृतियों में संगृहीत डाटा या तथ्य भर रह गया था। पहले की भावुकता, आस्था और वह विमूढ़ सम्मोहन अब कहीं नहीं था। वह वस्तुपरक, व्यावहारिक और निपट वास्तविकतावादी हो गया था।

लेकिन तब भी कभी-कभी, जब वह अपने बंगले के गोशाला में पहुँचता तो उसे लगता जैसे उन गायों की आँखें उसे उसके पापों के लिए क्षमा कर रही हैं। उसे महसूस होता जैसे वे सब कुछ जानती हैं। उसके भीतर, उसके जीवन और व्यक्तित्व में आये परिवर्तनों के बारे में उन्हें सब कुछ मालूम है, लेकिन वे उसे क्षमा कर रही हैं। कई बार वह वहाँ उनके सामने रोने लगता है। वे चुप रहतीं।

उसे वैसा ही बोध होता जैसा गिरजाघर में कनफेशन के बाद होता है। वह रिक्त और गुनाहों के बोझ से हल्का होकर वहाँ से लौटता।

यही वजह थी कि पत्नी के लाख विरोध के बावजूद, जब वह इंग्लैंड लौटा तो अपने साथ पाँच ब्राह्मणी गायें और सैम्युएल टर्नर द्वारा भेंट किया गया यह साँड़ जहाज में लदवाकर यहाँ ले आया।

इंग्लैंड एक औद्योगिक देश था। फैक्टरियों और मशीनों ने वहाँ के जीवन और समाज को बदल डाला था। विज्ञान, वाणिज्य, उत्पादन, व्यापार, युद्ध, निर्यात और आयात, श्रम, वेतन, शेयर बाजार, ब्याज, बैंकिंग, खरीद-फरोख्त, कर्ज, पूँजी, जमा, घाटा और मुनाफा...वगैरह वे मूल कारक थे, जिनकी बुनियाद पर वहाँ का मानवीय जीवन टिका हुआ था और उसी से नियंत्रित था।

और कहाँ ये हिन्दुस्तानी गायें और बैल!

यहाँ कुलाँचे मारने के लिए जंगल नहीं थे। सींग लड़ाने और ज़ोर आजमाइश के लिए संगी नहीं थे। न चरवाहे की हाँक थी, न उनकी बाँसुरी की तान। बूढ़े दादा जी नहीं थे, जो एकादशी को पूड़ियाँ देते थे। वे नटखट, शैतान, प्यारे-प्यारे बच्चे नहीं थे, जिनके साथ छेड़खानी, रूठना-मनाना होता।

बर्कशायर का यह बंगला, किसी मालिक के घर का वह आँगन नहीं था, जहाँ एक पूरा परिवार अपनी रोजमर्रा की जिन्दगी में उन्हें अपने साथ शरीक रखता। यहाँ दीपावली नहीं मनाई जाती थी, गोवर्धन पूजा नहीं होती थी। गो पूजा का रिवाज नहीं था।

यहाँ किसी की मृत्यु पर गरुड़ पुराण का पाठ नहीं होता था। मृत्यु के बाद कोई वैतरणी नहीं थी, जिसे पार करने के लिए गाय की पूँछ पकड़ने की जरूरत हो। इसलिए गोदान नहीं होता था।

यहाँ की गायों की व्यक्तिवाचक संज्ञाएँ नहीं होती थीं। उनके अलग-अलग अपने निजी नाम और व्यक्तित्व नहीं थे। यहाँ कोई कृष्ण नहीं था। कोई ब्रज या वृन्दावन नहीं था।

यहाँ के कृषि जीवन के केन्द्र में गाय और बैल नहीं थे, इसलिए वैसे उत्सव और त्योहार नहीं थे।

इंग्लैंड में गाय पृथ्वी का प्रतीक नहीं थी, उसे हत्या से बचाने के लिए अपने प्राण देनेवाला कोई राजा दिलीप नहीं था।

गाय यहाँ डेयरी, मीट, चमड़ा, हड्डी और वसा उद्योग का कच्चा माल थी।

अन्दाजा लगाया जा सकता है, हिन्दुस्तान से इंग्लैंड गयी गायों और उस साँड़ के साथ वहाँ कैसा व्यवहार हुआ होगा।

एक बँधा-बँधाया नियम था, निश्चित टाइम टेबल था, तयशुदा आहार था और उसकी निश्चित निर्धारित मात्रा थी। कर्मचारी आते, खाना और पानी देते। दूध दुह लिया जाता। मच्छरों को मारने के लिए दवा छिड़क दी जाती। फिनाइल लगे गीले कपड़े से उन्हें पोंछ दिया जाता।

गायों के गले से लिपटकर उन्हें चूमनेवाली एक भी नन्ही लड़की पूरे इंग्लैंड में कहीं नहीं थी। उनके माथे से अपना तपता हुआ माथा टिकाकर रोनेवाला एक भी बूढ़ा मनुष्य वहाँ कहीं नहीं था।

और एक दिन वह सुबह नहीं उठी। उसकी आँखें बन्द ही रही आयीं। गोरे कर्मचारी उसे सुबह नौ बजे ही वहाँ से उठाकर कहीं ले गये।

साँड़ ज़ोरों से रोया। पूरा गला फाड़कर। उसके फेफड़े, कलेजा, हृदय, मस्तिष्क, उसका पूरा शरीर दुख, पीड़ा, असहायता और निरुपायता पर फूट-फूटकर रो रहा था। अजीब-अजीब-सी आवाज़ें उसके गले से निकलतीं।

वारेन हेस्टिंग्स ने उसे देखा और कहा, "नो ड[illegible] अबाउट इट। इट हैज बिकम टोटली इनसेन!"

और उस दिन पता नहीं कैसे वह साँड़ अपनी जंज़ीरों और साँकलों को तोड़कर आजाद हो गया। किसी को इसका अन्दाजा ही नहीं लग पाया।

यह शाम का वक्त था। वारेन हेस्टिंग्स अपने ऊपर चल रहे महाअभियोग के मुकदमे से उसी दिन मुक्त हुआ था। इंग्लैंड की अदालत के न्यायमूर्तियों ने उसे गबन, जालसाजी, भ्रष्टाचार, बर्बरता, धोखाधड़ी, ठगी और अपने अधिकारों के अनैतिक तथा मर्यादाहीन दुरुपयोग के

आरोप से पूरी तरह बरी कर दिया था। बल्कि न्यायमूर्तियों ने उसकी योग्यता, दूरदर्शिता तथा ईस्ट इण्डिया कम्पनी और ब्रिटिश साम्राज्य के हित में की गयी उसकी सेवाओं की प्रशंसा की थी। न्यायमूर्तियों ने उसे इंग्लैंड की प्रिवी काउंसिल का सदस्य बनाने की सलाह देते हुए 14000 पाउंड की वार्षिक वृत्ति की भी अनुशंसा की। अपने उस महत्त्वपूर्ण ऐतिहासिक फैसले में उन्होंने कहा था :

'वारेन हेस्टिंग्स पर चला महाअभियोग का यह मुकदमा अफसोसनाक है। वह प्रशासक, जिसे इंग्लैंड से हिन्दुस्तान राज्य करने के लिए भेजा गया, उसके हर कदम का या तो उसकी परिषद की ओर से विरोध हुआ या उसके अपने देश इंग्लैंड की ओर से। अगर उसमें थोड़े-बहुत दोष थे भी तो वे उस राजनीतिज्ञ के दोष थे, जिस पर अचानक संकट आ पड़ा हो और इतनी कठिनाइयाँ तथा समस्याएँ उसके सिर पर आ गयी हों कि ऐसी स्थिति में, मानवीय समझ में भूल-चूक हो जाना अस्वाभाविक नहीं है।

वारेन हेस्टिंग्स पर अपना फैसला सुनाते हुए हमें यह नहीं भूलना चाहिए कि साम्राज्य बनानेवाले बड़े राजनीतिज्ञों और प्रशासकों से पूर्ण नैतिक आचरण की उम्मीद करना ठीक नहीं है। क्या कभी पाप, अन्याय और अनैतिकता के बिना भी कोई साम्राज्य बनता है?

वारेन हेस्टिंग्स इस फैसले से खुशी के मारे दीवाना हो उठा। उसकी पत्नी बार-बार उसके माथे को चूमती थी। पूरे लन्दन, बर्कशायर, मानचेस्टर और तमाम शहरों के गण्यमान्य व्यक्तियों ने उसे बधाइयाँ भेजीं।

बर्कशायर के टाउन हॉल में उसका अभिनन्दन किया गया और उस पर महाअभियोग का मुकदमा चलानेवाले मिस्टर बर्क की भर्त्सना की गयी।

खुशी और गर्व में झूमता वारेन हेस्टिंग्स पत्नी के साथ अपनी रॉयल बग्घी में बैठा अपने बंगले की ओर लौट रहा था।

बग्घी जैसे ही 'प्योरली हॉल' बंगले के मुख्य फाटक से अन्दर दाखिल हुई अचानक जैसे भूकम्प आ गया। किसी मृत्युदूत की तरह,

बंगले की तमाम बाड़ेबंदियों और दीवारों को धँसकाता, भयानक आवाज़ में दहाड़ता, जैसे सैकड़ों बिजलियाँ एक साथ छूट रही हों और स्याह घने बादल गरज रहे हों—वह साँड़ बग्घी की ओर किसी साइक्लोन, तूफान, चक्रवात की तरह लपका और अपने सींगों में फँसाकर उसने बग्घी को वारेन हेस्टिंग्स, उसकी पत्नी और साईस के समेत हवा में उछाल दिया।

बग्घी गिरकर टूट-फूट गयी। वारेन हेस्टिंग्स के कूल्हों, जाँघ की हड्डी और दाहिनी कलाई में चोट आयी। साईस बेहोश हो गया। उसकी नाक से खून बह रहा था। और वारेन हेस्टिंग्स की पत्नी के सिर में चोट लगी थी। चोट शायद ज्यादा गहरी थी, क्योंकि उसकी स्मृति का लोप हो गया था और वह अंट-शंट बोल रही थी। वह बार-बार 'चोखी' और 'नन्द कुमार' जैसा कुछ बड़बड़ाती थी। वारेन हेस्टिंग्स की वह बग्घी, जिसे उस साँड़ ने चकनाचूर किया, वह 'इम्पीरियल' बग्घी थी। इंग्लैंड की शाही बग्घी।

और तभी, सबने देखा, एक पल में उस साँड़ ने अपने सींग से उस ऊँचे-पूरे, काले-चमकीले, शानदार एंग्लो-अरब घोड़े के पेट को चीरकर उसकी आँतें बाहर फैला दीं।

अत्यन्त उन्नत, दोगली नस्ल का वह शानदार बेशकीमती घोड़ा भी एक 'इम्पीरियल घोड़ा' था। ग्रेट ब्रिटेन का शाही घोड़ा। ब्रिटिश साम्राज्य का प्रतीक।

वह साँड़ सचमुच पागल हो चुका था। उसके भीतर क्रोध, दुख, पीड़ा और घृणा की कोई ऐसी ज्वालामुखी थी जो विध्वंस और विनाश के तमाम रूपों में लगातार फूट रही थी।

वह छुट्टा हिन्दुस्तानी पागल साँड़ इंग्लैंड के लिए एक खतरा बन गया था। अन्त में सन् 1795 में, ठीक उसी दिन जिस दिन इंग्लैंड की अदालत ने वारेन हेस्टिंग्स को महाअभियोग के मुकदमे से बरी किया था, रात नौ बजे इम्पीरियल आर्मी की एक टुकड़ी ने उस साँड़ को गोली मार दी।

कहते हैं, उस साँड़ के शरीर में इतनी चर्बी थी कि लालच में आकर बंगले के एक नौकर ने 'डेवन पोर्ट लेदर फैक्टरी' को चोरी से वह चर्बी बेच दी। इस फैक्टरी से वह चर्बी 'वूलविच शस्त्रागार' पहुँची और इसके बासठ साल बाद सन् 1857 ईस्वी में कलकत्ते के पास बैरकपुर की फौजी छावनी में 29 मार्च को, जब मंगल पाण्डे ने अंग्रेज़ एडजुटेंट को गोली मारी, तो उस कारतूस में इसी चर्बी का इस्तेमाल हुआ था। राष्ट्रीय महासंग्राम, जिसे अंग्रेज़ों ने बाद में 'गदर' कहा, उसकी शुरुआत इसी कारतूस के धमाके के साथ हुई थी।

तो यह थी वारेन हेस्टिंग्स के हिन्दुस्तानी साँड़ की कहानी। सवाल यह रह जाता है कि क्या वह साँड़ सिर्फ़ अपनी गाय और सन्तान के शोक में पागल हुआ था? क्या उसने यूरोप के निर्मम, अमानवीय और करुणाशून्य औद्योगिक समाज और पश्चिमी संस्कृति के विरोध में अपनी जान दी? क्या वह अपने देश के मिथकों, पुराणों, ग्रन्थों, अन्धविश्वासों और पुरानी परम्पराओं के लिए किसी कट्टरपंथी साम्प्रदायिक की तरह लड़ा और मारा गया? क्या वह ब्रिटिश साम्राज्यवाद के खिलाफ एक देशभक्त राष्ट्रवादी भारतीय की तरह विद्रोह करता हुआ मरा?

या वह एक मामूली साँड़ था, जिसे सैम्युएल टर्नर ने तिब्बत के एक बूढ़े लामा से प्राप्त किया था और भारत के पहले गवर्नर जनरल वारेन हेस्टिंग्स को भेंट किया था? या वह गाय 'चोखी' और वह साँड़ उस 'नन्दकुमार' के पुनर्जन्म थे, जिनकी मृत्यु में वारेन हेस्टिंग्स की भूमिका थी? या वह साँड़ वास्तव में शहीद हुआ था?

और अगर ऐसा है, तो क्या यह माँग गैर-वाजिब है कि राजघाट के आसपास कोई स्मारक उसकी स्मृति में भी होना चाहिए।

इतना नहीं, तो कम से कम आजादी के पचास साल बाद, स्वतन्त्र भारत की राजधानी दिल्ली की किसी टूटी-फूटी सड़क का नाम ही उस अभागे हिन्दुस्तानी साँड़ के नाम पर होना चाहिए, जो लगभग दो सौ

साल पहले सन् 1795 में इंग्लैंड के बर्कशायर नामक नगर में सेना की गोलियों द्वारा मार डाला गया।

वैसे, तिब्बत का वह बूढ़ा लामा दिल्ली के 'मजनूँ का टीला' नामक इलाके में शरणार्थी के रूप में अब भी रहता है। उसे सैम्युएल टर्नर की याद है, जिससे वह लगभग सवा दो सौ साल पहले मिला था।

रहस्यभरी झुर्रियों में मुस्कराता हुआ कहता है, "वह साँड़ अभी मरा नहीं है।"

❑❑